PSYCHOLOGY IS THE KEY

心理是關鍵

從人心出發的公共關係學

群體情緒、輿論風向、品牌形象，從心理學看公關危機處理

謝蘭舟 著

訊息能否抵達，取決於內容，更取決於人心的解讀
信任與好感，是長期合作與關係經營的關鍵資本

目錄

第一章	為什麼人與人之間的連結這麼重要？	005
第二章	好感不是偶然：心理學裡的第一印象策略	029
第三章	關係是如何建立起來的？	051
第四章	從人群心理看「群體怎麼想」這件事	073
第五章	說服的心理學：讓對方點頭不是靠運氣	095
第六章	情緒是關鍵：人心反應比邏輯快一步	117
第七章	社群時代的人心經營術	137
第八章	品牌背後的人性心理	157
第九章	危機事件的心理應對指南	177
第十章	溝通技巧的心理學拆解	199

目錄

第十一章　內部溝通與企業關係管理……………………225

第十二章　你我的未來：
　　　　　打造正向關係的心理底層邏輯……………247

第一章
為什麼
人與人之間的連結
這麼重要？

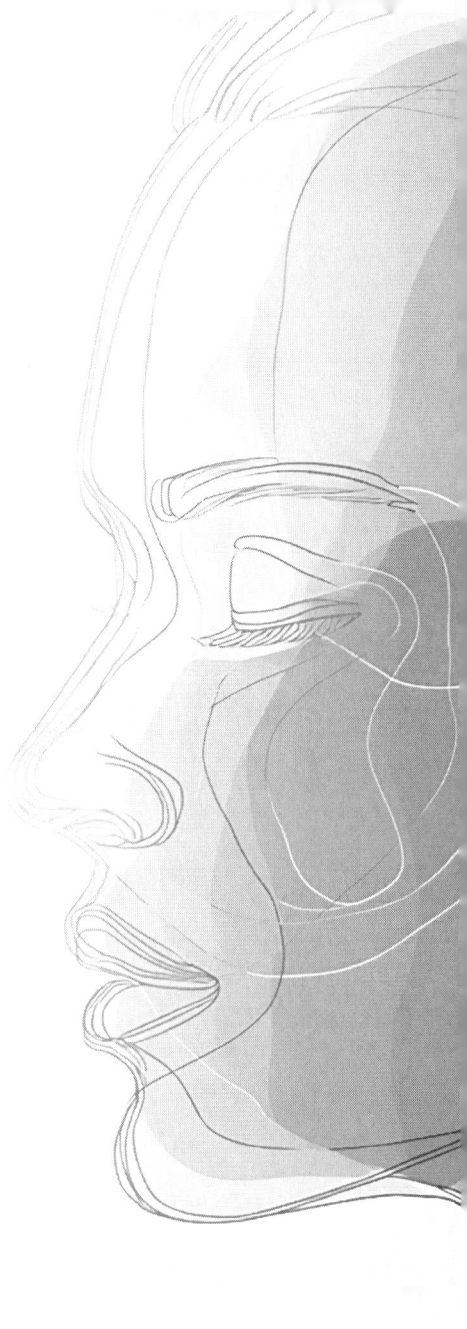

第一章　為什麼人與人之間的連結這麼重要？

第一節　公共關係的本質是什麼？

你也許會覺得「公共關係」這四個字聽起來很像媒體操作、新聞稿、或是在危機時期說得漂亮一點的話。但事實上，公共關係的核心關鍵字不是「公關稿」或「危機處理」，而是兩個字：「關係」。

不論你是公司老闆、品牌行銷人，還是一位一般上班族、創作者或社群小編，你每天都在面對「別人怎麼看我」這件事。而這，就是公共關係的起點。

■ 公關不是說話，是在管理「別人對你的感覺」

公共關係（Public Relations）這個詞，英文裡就說得很直接，是「對公共的關係」。但這關係不是你自己說了算，而是你怎麼讓別人「感覺」到你是什麼樣的人。

心理學家厄文‧高夫曼（Erving Goffman）在他的經典作品《日常生活中的自我呈現》中提到，每個人都像演員，在不同場合扮演不同的角色。你會在朋友面前笑嘻嘻，在主管面前穩重專業，在網路上則可能是另一個更活潑的自己。這些行為，就是我們在經營「他人心中的我」，這與品牌、公關完全是一樣的邏輯。

因此，公共關係的核心工作，其實是在經營人們對我們的「心理印象」。

第一節　公共關係的本質是什麼？

■ 為什麼「關係」比訊息更重要？

在一個資訊爆炸、訊息無孔不入的時代，單靠一篇新聞稿、廣告文案，已經不容易改變人的想法。相反地，影響人們判斷與選擇的，是他們與你之間的心理關係。

當人們感覺「我喜歡這個品牌」、「我信任這個人」、「他說的話我有共鳴」，這種心理連結就會產生影響力，甚至讓人願意為你轉發訊息、捍衛你的聲譽，這才是最強的公關力。

社會心理學中提到「熟悉定律」(mere exposure effect)，就是指人們對重複接觸過的事物會產生更多好感。這也說明了為什麼品牌要持續曝光、為什麼網紅要天天發文，因為人與人的情感聯結是透過重複互動慢慢建立的，不是靠一瞬間的話術就能達成。

■ 一場成功的公關行動，是如何操作心理的？

比方說，某品牌推出一款新手機，在廣告裡不是主打規格，而是找一位大家熟悉的藝人，用「生活日常」方式講述她怎麼在繁忙中用這支手機記錄生活片刻。這樣的敘事讓人感到自然、親近，也喚起共鳴，因為背後操作的是心理學中的「投射認同機制」：你看到她用，就想像自己用起來也是那麼舒服。

再來，他們可能安排這位藝人出現在你常看的 Podcast 中、在社群平臺用不打擾的方式出現、在你逛街時讓你看到他的立

第一章　為什麼人與人之間的連結這麼重要？

牌,讓你「不知不覺地認識這個品牌」。這些操作不是硬銷,而是設計一連串的心理「親密感製造」,讓你覺得:「這東西我認識,我習慣,我好像也需要。」

這就是現代公關最厲害的地方:不是告訴你買什麼,而是讓你自己說服自己。

▍公關學的心理學根源:信任、認同與動機

心理學家卡爾‧霍夫蘭(Carl Hovland)在二十世紀中葉的說服理論研究中指出,讓人改變態度的三大要素是:訊息的可信度、傳遞者的吸引力,以及訊息內容是否與受眾價值一致。

這三個核心在今天依然成立。當你要對外發言、發一篇貼文、處理一場爭議時,第一個問題應該是:「別人覺得我可信嗎?」接著問:「這件事對他們重要嗎?」最後是:「我跟他們有沒有共同的價值認同?」

這三個問題,正是現代公共關係策略的心理學基礎。

▍公共關係不只是面對媒體,是你每天的生活方式

你在職場中如何與同事互動、在社群上怎麼說話、在朋友聚會裡怎麼介紹自己、在網路上如何回應留言,這些通通都在影響「別人對你的印象」,也就是你所經營的「關係」。

當我們談公共關係,不只是大公司要面對社會或媒體的那

種公關,而是你我每天在生活中,對他人「怎麼被感覺到、怎麼被理解、怎麼被記得」的方式。這也就是心理學中最重要的一個核心:社會知覺(social perception)。

■ 在心裡站穩腳跟,才是最強的公共關係

說到底,公共關係的重點不是你說了什麼,而是別人怎麼理解你、怎麼記得你、怎麼在心裡為你保留一個位置。

在這本書裡,我們會一步步從心理學的角度,拆解人們如何接收訊息、建立關係、產生信任、面對危機、進行互動、形塑印象。這些不是冷冰冰的理論,而是你每天都在用、卻不一定察覺的「心」的運作方式。

你會發現,懂心理的人,不只是溝通更有效,更能在人際與職場上找到屬於自己的關係支點。因為這世界上,最重要的資產,從來不是資金或曝光,而是「人對你的感覺」。

第二節 從「印象」開始:我們如何快速判斷一個人?

你是否曾有這樣的經驗?第一次與某人見面,短短幾秒內,你心裡就大致有了「這個人我喜不喜歡」、「靠不靠得住」的感覺。也許他還沒開口說話,甚至只是在你前面點了一杯咖啡。

第一章　為什麼人與人之間的連結這麼重要？

這種快速形成的印象，心理學上稱為「第一印象效應」（first impression effect）。

■ 大腦其實超愛偷懶：我們都在自動判斷

根據認知心理學研究，我們大腦很擅長自動分類、貼標籤，這種能力幫助我們快速在陌生環境中做出反應，避免危險或把握機會。但這種「快速」也代表了「潛在偏見」。

社會心理學家所謂的「啟發式判斷」（heuristics）就是一種心理捷徑。例如：你可能看到一位穿西裝、皮鞋說話有條理的人，就直覺他是位專業人士；看到一個染髮戴耳環、講話快的人，就直覺他可能比較有主見或難相處。這些判斷來自我們對「社會角色」的刻板印象（stereotypes）。

■ 第一印象的形成時間有多快？

根據普林斯頓大學的研究，只要 0.1 秒（沒錯，是一秒的十分之一），人們就會對一張臉產生信任或不信任的初步判斷。而這印象一旦形成，要改變可就沒那麼容易了。

心理學上稱這種現象為「初始效應」（primacy effect），也就是早期接收到的資訊會對後續判斷有更強的影響力。這也是為什麼面試、第一次簡報或初次社交場合如此關鍵。

第二節 從「印象」開始：我們如何快速判斷一個人？

■ 為什麼人們容易錯看對方？

因為我們看的不是「真相」，而是「投射」。根據榮格（Carl Jung）的心理學理論，我們會把自己內心的欲望、恐懼或理想，投射到對方身上。例如你欣賞某種特質的人，容易把這特質「想像」在對方身上，即便對方不一定真的有。

而這也就是公共關係與自我呈現的核心 —— 管理他人對你的「心理投射」。一位成功的演說家、一位受到信任的主管、甚至是一個會被追蹤的 KOL，都是善於掌握這種「他人視角」心理動力的人。

■ 品牌形象也是這樣來的

品牌形象的建立，就像是集體的第一印象。如果大眾第一次認識某品牌是在負面新聞、出包事件，那麼即使後續再努力經營，也很難完全抹除這個「開場印象」。

根據健康心理學的研究，壓力事件或負向資訊往往會讓人產生更高的警覺與防備心理，因此負面印象在記憶中更容易留下深刻痕跡。這也說明為什麼品牌出事後的回應速度與誠意如此重要，因為那是扭轉「第一印象」唯一的關鍵時機。

■ 那我們該怎麼打造一個好印象？

（1）一致性：讓你的語言、肢體語言與穿著傳遞同一訊息。

第一章　為什麼人與人之間的連結這麼重要？

（2）共感力：展現出你在乎對方想法與情緒的能力，心理學上稱為「情緒辨識」。

（3）信任感：表情自然、眼神交流，避免閃爍其詞或過度自我推銷。

（4）適度自我揭露：讓人感覺你是個有故事、有真實情感的人。

這些技巧看起來像是「社交教戰守則」，但背後其實都是心理機制的操作。

■ 印象管理是現代人必要的心理素養

在這個注意力稀缺的社會裡，你無法要求每個人給你十次機會，但你可以把握第一次出場的機會，讓人留下「這個人我想再認識」的感覺。印象，不只是外表，而是你在他人心裡烙下的那個心理圖像。

公共關係的第一步，是從「他怎麼感覺你」開始，而不是「你想怎麼說」。懂得這一點，才是真正的關係高手。

第三節　為什麼溝通常常說的不是你想傳達的？

你是不是也有過這種經驗：你明明很有誠意在解釋，但對方卻覺得你在找藉口；你以為自己說得很清楚，結果對方卻一

第三節　為什麼溝通常常說的不是你想傳達的？

頭霧水？這種「我說的」和「你聽到的」不一樣的情況，其實不是因為你表達能力不好，而是因為 —— 人類的溝通，本來就超級容易「跑頻道」。

■ 人的理解方式不是用耳朵，而是用「過濾器」

根據認知心理學，人們在接收訊息時，並不是像錄音機一樣把話原封不動地記下來。我們會根據自己的經驗、價值觀、情緒狀態，進行「選擇性接收」與「詮釋」。這些心理過濾器，讓同一句話在不同人耳裡，可能出現完全不一樣的意思。

比如一個主管說：「這次簡報的結構還可以再調整一下。」在新人聽起來，可能會覺得是嚴重指責；而資深員工則認為：「只要調整一下就好，其他部分都不錯。」

這也說明了公共關係裡最關鍵的溝通原則：你說什麼不重要，對方聽到什麼才重要。

■ 訊息的扭曲，是怎麼發生的？

心理學家沃爾特・李普曼（Walter Lippmann）早在 1920 年代就指出，每個人心中都有一個「心理圖像」（pictures in our heads），而我們對世界的理解，其實是根據這些圖像去解讀訊息。也就是說，我們不是真的「看見」現實，而是「投射」自己對現實的想像。

而這些圖像是從哪來的？從媒體、社群、成長背景、文化經驗、教育體系等。也因此，在公共關係工作中，一個看似單純的措辭或標題，可能就會因為不同受眾的心理圖像，而被解讀出天差地遠的意思。

■ 非語言訊息：你沒說的，其實更大聲

研究指出，人際溝通中有超過一半以上的資訊是透過非語言訊息傳遞的，也就是所謂的「肢體語言」、「語氣」、「表情」、「眼神」等。

一樣一句話：「你今天報告得很好。」語調不同可能就會變成：

- 鼓勵（上揚語氣）：真心讚賞。
- 嘲諷（平淡語氣＋斜眼）：你是在反話？
- 疲憊（無力語氣）：你其實沒在聽內容，只是敷衍講完。

這也是為什麼公共關係的發言人、品牌代表人物，會這麼在意「聲音表情」和「出場時的氣場」——因為聽眾感受到的是整體訊息，而不只是一連串字句。

■ 「確認理解」才是有效溝通的關鍵

心理學家保羅・瓦茲拉威克（Paul Watzlawick）強調：「你無法不溝通」，意思是我們不論講或不講，身體和行為都會傳遞訊息。而真正有效的溝通，是雙向的理解與確認。

第三節　為什麼溝通常常說的不是你想傳達的？

在公共關係策略中，我們不應只問「我今天發了什麼新聞稿」，而要問：「受眾理解了什麼？他們有回應嗎？有改變嗎？」

很多企業危機的發生，其實都是因為忽略了這個回饋機制。他們自顧自發表聲明，卻沒有傾聽群眾的真實情緒或需求，結果說再多都像是「對空氣喊話」。

怎麼讓「說的」與「聽到的」更靠近？

（1）設身處地：試著從受眾角度去預測他們怎麼解讀訊息。

（2）簡單明確：不要用太專業的詞彙或過度修辭，清楚比華麗更有效。

（3）主動確認：不只說完訊息，也要透過問答、回饋、觀察等方式，確認對方真的理解。

（4）搭配非語言溝通：眼神交流、語調節奏、肢體開放，都會加強你的訊息可信度。

溝通不是「傳遞訊息」，而是「建立理解」

這節的核心提醒是：公共關係不只是對外發表訊息，更是對內釐清理解。你的每一次表達，都會被經過他人的心理濾鏡轉譯，成為他們心中獨一無二的版本。

懂得這一點，我們才能從「我想說什麼」進一步轉向「你會怎麼理解」，這才是真正高階的溝通心理學，也是真正的人心工程。

第一章　為什麼人與人之間的連結這麼重要？

第四節　社會認知如何影響人與品牌的連結

品牌其實就像社會角色

在心理學裡,「社會認知」是指人們如何理解自己與他人、如何解釋他人的行為,以及如何形成對世界的判斷。當我們把這套機制搬到品牌身上,其實不難發現——人們對品牌的感受,和他們對一個人產生喜惡的方式是很類似的。品牌就像一個社會角色,也會被我們「標籤」、「推論」、「歸因」,進而影響消費行為。

社會心理學強調,人是高度社會化的動物,我們無法不在互動中判斷他人。同樣地,我們也無法在商業與媒體訊息的環境中,不對品牌做出某種形式的心理定位。這正是為什麼品牌要經營的不只是產品功能,更是其「社會角色」的呈現。人們不只在買產品,也是在選擇跟誰「站在一起」。

我們的品牌印象是從別人那裡學來的

舉例來說,當你想到一家連鎖咖啡店,你腦中也許會冒出「有點貴但有質感」、「很適合帶筆電工作」、「年輕人喜歡」這些想法。這些不是該品牌自己說出來的,而是你在社會互動中「學到」的。別人說過什麼、社群平臺上流傳什麼、你在哪裡看到它的廣告,這些碎片組成了你對它的社會認知。

第四節　社會認知如何影響人與品牌的連結

　　這種學習歷程其實是「社會學習理論」的應用。心理學家亞伯特・班度拉（Albert Bandura）指出，人們會透過觀察他人行為及後果來學習。當我們看到某個朋友常常打卡某品牌、某部落客推薦一項產品，我們就會默默地將這些資訊記下，久而久之形成某種偏好。品牌印象就這樣在無數社會線索中累積起來。

刻板印象影響我們對品牌的情感

　　社會認知最常見的形式之一就是「社會刻板印象」。心理學家蘇珊・菲斯克（Susan Fiske）指出，刻板印象的核心在於我們如何簡化複雜世界的一種方式。當品牌被貼上某種標籤時，不管那標籤是否正確，它都會成為消費者做決定的依據。例如：有些人覺得臺灣在地品牌比較有溫度、有誠意，這種想法會影響他們對品牌誠信的預設。

　　這些刻板印象不見得是負面的，它們有時候反而是品牌定位的重要策略。舉例來說，日本品牌在臺灣經常與「品質穩定」、「服務細緻」劃上等號，這樣的印象不但影響購買決策，也會影響消費者的容忍度與忠誠度。換句話說，品牌有時候不只是被理解，更是被「預期」。

我們也會猜品牌的「動機」

　　「歸因理論」則幫助我們理解人們如何判斷品牌的行為動機。比方說，當某品牌推出永續商品時，有些人可能會覺得「它

第一章　為什麼人與人之間的連結這麼重要？

是真的在乎環保」，但另一些人則可能覺得「它只是為了賺形象分」。這就是社會認知在作祟 —— 人們不只看品牌做什麼，更會猜測它為什麼這麼做，並根據這些推論調整對它的態度。

這種心理運作其實與「行為歸因」密切相關。當人們傾向將品牌的行為歸因於內在動機（例如真心關懷）時，信任感會上升；相反地，如果被歸因為外在壓力或利益動機（例如被輿論逼迫），那麼信任感反而會下降。這也是為什麼「做善事」這件事，要看品牌做得「自然不自然」，因為群眾會用放大鏡檢視品牌背後的動機與一致性。

▇ 品牌形象是一場心理詮釋的共舞

品牌不是單方面塑造形象，而是與群眾共同參與在一場「社會詮釋」的遊戲裡。你怎麼被解讀，遠比你怎麼說自己還重要。了解社會認知的心理原理，能幫助我們更有策略地讓品牌「被看見」的樣子，接近我們「想被理解」的模樣。

換句話說，公共關係的工作不再只是單向輸出訊息，而是經營一種社會理解的動態平衡。你無法完全控制他人怎麼想，但你可以影響他們如何看見你。這就是現代品牌最關鍵的修練：成為一個被人期待、被人理解、也被人願意支持的「心理角色」。

第五節　從心理學角度看「關係」的形成

關係不是發生，是被建構的

我們常說「人與人有緣」，但其實「緣分」的背後，藏著大量心理學原理。關係的產生，不只是偶然碰到誰，而是我們怎麼「詮釋」與「選擇」和誰建立聯結。心理學家哈利・哈洛（Harry Harlow）的實驗顯示，即便沒有語言互動，情感依附依然會透過觸覺與熟悉感產生。這說明關係的建立是多感官、多層次的，也是一種人類天生的社會本能。

接觸頻率與「曝光效應」

你有沒有發現，那些後來變熟的朋友，其實不是一開始最有話聊的，而是最常見到的？這在心理學中稱為「單純曝光效應」（mere exposure effect），意指人對重複出現的刺激會產生好感。品牌關係也是一樣，愈常看到某個名字、Logo、商品，就愈容易產生熟悉感與信任感。

心理學家羅伯特・扎榮茲（Robert Zajonc）就指出，這種熟悉感不需要刻意說服，只需要穩定地「存在」。對公共關係來說，這代表的是長期經營與持續互動的價值：讓品牌「一直都在」，本身就是一種信任的累積。

第一章　為什麼人與人之間的連結這麼重要？

■ 相似性與認同感的關鍵角色

我們更容易與跟自己「像」的人建立關係。從生活習慣、語言用詞、穿著風格、價值觀，到更深層的世界觀──這些相似性會讓我們產生「認同感」。根據社會心理學的同質性效應（homophily），人們會主動接近與自己價值觀一致的對象，這種心理傾向也同樣適用於品牌與消費者之間。

當品牌在溝通時展現出「我們是一國的」的語言策略，就能快速拉近與目標族群的距離。舉例來說，一個強調環保永續的品牌，若能用日常語言與年輕人對話、參與街頭市集或串連社會議題，那麼它就不只是賣東西，而是成為群體認同的一部分。

■ 投射與互補：人際互動的另一層關係建構

除了認同感，還有一種關係是建立在「投射」與「互補」上。榮格心理學提出，我們常會對他人投射出自己內在未實現的特質。而在品牌互動中也是如此，消費者可能透過某個品牌，投射出他對生活的嚮往、理想的自我形象，甚至是一種社會階層的象徵。

而品牌則能透過互補策略強化這層投射。例如一個講究效率與專業的品牌，會吸引那些覺得自己「還不夠好」的人。他們希望透過使用這個品牌，來補足內在渴望的形象，這種互補關係便是一種心理合作。

第五節　從心理學角度看「關係」的形成

■ 關係的延續：心理安全與信任維護

建立關係是一回事，維持關係是另一回事。心理學家艾美・艾德蒙森（Amy Edmondson）提出「心理安全感」的概念，指出一段穩定的關係，需要讓人感覺可以表達真實的自己、不怕犯錯、不會被羞辱。

同樣地，品牌與顧客的關係，也必須在互動中建立「心理安全」的空間。當消費者知道品牌願意傾聽、修正錯誤、回應需求，那麼這段關係就不只是交易，而是可以陪伴成長的夥伴關係。信任因此不再是行銷手法，而是一種長期累積的心理契約。

■ 關係的破壞與重建

當關係出現裂痕，該怎麼辦？從心理學角度來看，關係破裂的常見原因有三：期待落差、溝通失聯、失去信任。這些問題不只發生在人際間，也發生在品牌與群眾之間。

修復關係的第一步，是重新建立「理解」──也就是讓對方知道「我懂你的失望」。接著需要的是「承諾」與「行動」，而不是只有道歉。這套流程在公共關係危機中尤其重要，因為品牌不是在面對一個人，而是整個社會觀眾。

第一章 為什麼人與人之間的連結這麼重要？

■ 關係，是心理的建構，也是情感的選擇

從心理學角度來看，關係的建立不是自動發生的，而是透過心理機制、社會互動與情感回應逐步建構起來。當我們理解這些形成關係的內在規則，就更能掌握公共關係的實質要義：它不只是形象經營，更是人與人、人與品牌之間，一種細緻而深層的心理共舞。

第六節　影響力的起點：人類的互動動機

■ 為什麼我們需要影響別人？

人是一種天生社會化的動物，我們不只是生活在群體中，更不斷想要在群體中「發揮影響力」。從心理學角度來看，影響別人不是操控，而是一種生存策略。當我們能讓他人認同、信任、支持自己，就更容易取得資源、建立關係，甚至保護自己免於孤立。這樣的互動動機，是影響力的心理根基。

這不只發生在人際互動中，也發生在社群媒體、品牌經營、領導管理等情境裡。影響力是一種深層的心理交換，它讓我們感覺自己「有用」、「有存在感」、「有人聽我說話」，這些感覺對現代人來說，比獲得實質利益還重要。

第六節　影響力的起點：人類的互動動機

■ 社會交換理論：你給我什麼，我就回應什麼

社會交換理論認為，所有人際關係本質上都包含某種「給與回」的心理帳本。我們對別人好，是希望得到友善回應；我們接受別人的幫助，也會產生「我是不是該回報」的心理傾向。這種心理機制不只發生在人與人之間，也發生在品牌與消費者之間。品牌若能提供實質價值與情感支持，消費者自然更願意分享、推薦與持續使用。

例如有些商家在你第一次消費後提供一張小卡片，寫著「謝謝你的支持，希望下次再見到你」。這種微小的情感投資，會引發「互惠心理」，讓人產生一種「我好像應該再回去一次」的衝動。這就是影響力透過心理交換產生的例子。

■ 認同感與歸屬感：從互動到內化

人們之所以會被影響，是因為他們希望「成為某種人」，而互動就是取得這個身分認同的過程。心理學家馬斯洛（Abraham Maslow）在需求層次理論中指出，「歸屬與愛」是人類的核心需求之一。當我們在某段互動中感受到認同感，就會主動靠近並接納對方的價值觀，這正是影響力發生的心理關鍵點。

特別是在數位時代，人們對於「社群感」的渴望愈來愈強烈。從加入某個 LINE 社群、追蹤某個 Podcast 節目、甚至戴上某個牌子的耳機，這些行為背後其實都代表著「我屬於某一群人」

第一章　為什麼人與人之間的連結這麼重要？

的心理動機。而品牌若能透過價值主張、語言風格或視覺設計，塑造一種「認同歸屬」，就會大幅提升對目標族群的影響力。

■ 權威、專業與可信度的心理基礎

影響力也來自「誰說的」。社會心理學家羅伯特・席爾迪尼（Robert Cialdini）指出，權威感與可信度會顯著提升說服力。當人們認為你「懂這個」或「說得有根據」，他們更容易接受你的觀點。這也說明了為什麼在公共關係中，找對代言人、專業形象的塑造、資訊透明度，都是構築影響力的重要策略。

一份來自醫學期刊的健康建議，往往比網路鄉民的分享更具說服力；一個從不誇大行銷、堅持專業堅持的品牌，比一個靠話術吸引目光的帳號，更能贏得長期信任。這種信任背後，靠的就是「認知權威」與「心理安全感」的結合。

■ 影響不是操作，而是連結

影響力的真正起點，不是技巧而是關係。當我們了解人類互動背後的心理需求 —— 認同、歸屬、互惠、安全 —— 我們就能設計出更具同理的溝通方式。影響別人，不是讓他做你要的事，而是讓他真心相信「這件事對他自己有價值」。

正因如此，真正的公共關係不該以「控制風向」為目標，而是創造理解、同理與雙向信任。懂得這個道理的人，不只能贏

得關注,更能贏得長期的影響與支持。這才是影響力真正的心理基礎:從人心出發,從關係開始。

第七節　公共關係不只是媒體應對,更是人心經營

■ 傳統公關觀念的局限

過去我們對公共關係的想像,多半停留在新聞稿、記者會、活動曝光這些表層操作。當企業發生爭議,發言人出來開個記者會、發布一篇聲明,就被視為「危機處理」。但這樣的觀點,其實忽略了公關最核心的本質 —— 它不是在處理事件,而是在經營人心。

心理學研究指出,人們在面對事件時的反應,與事件本身往往關係不大,反而取決於他們「相信什麼」、「感覺如何」、「從誰那裡聽到」。因此,公共關係若只做表面形式,忽略與群眾建立情緒連結與信任橋梁,那就失去了它作為社會連結器的功能。

■ 心理安全感與資訊透明的關鍵作用

所謂心理安全感,是指人們在互動中是否感覺到可預測、可控、可理解。當品牌或組織能夠主動溝通、坦誠應對,並在

第一章　為什麼人與人之間的連結這麼重要？

發生問題時展現透明與修正態度，群眾才會產生穩定的信任。

舉例來說，一間餐飲品牌若因食安問題道歉，不只要發聲明，更該說明「發現問題的過程」、「解決的細節」、「未來的改善機制」，這些資訊不只是事實陳述，而是在傳遞「我們懂你在意什麼，也真的有在改變」的心理訊號。這樣的心理感知，是有效公關的關鍵之一。

▍從形象管理走向關係管理

傳統公關強調形象管理，強調說得漂亮、包裝精緻，但在社群時代，形象早就不是你自己說了算，而是大家怎麼互相講你、怎麼評價你。這時候，關係才是關鍵：你平常跟誰互動？對誰有幫助？出事的時候誰願意幫你說話？

這讓公共關係從「講一套漂亮的話」，變成「日常關係的累積」。消費者不是笨蛋，他們很快能感覺出品牌是不是只有在有事時才來道歉平息、平常卻沒在互動。真正有溫度、有韌性的品牌關係，是靠長期的心理信任構築起來的。

▍組織文化也是公關的一部分

很多人以為公共關係只是對外，事實上，一個組織內部怎麼溝通、主管怎麼回應員工、同仁之間的氛圍，這些也會被外界感受到，進而影響整體印象。心理學家艾美・艾德蒙森（Amy

第七節　公共關係不只是媒體應對，更是人心經營

Edmondson）強調，內部的「心理安全」會反映在外部的溝通風格上。

如果一間公司對內充滿壓力、不透明、不鼓勵發聲，那它對外的品牌溝通也容易顯得僵硬、機械、缺乏情感連結。反之，那些對內強調尊重與對話的組織，往往更能自然地展現可信與溫度，這也讓公共關係成為企業文化的延伸與具象化。

公共關係的未來，在於真誠而不是手法

真正有效的公共關係，是一種持續而誠懇的人心經營，不是偶發性的新聞操作。它的核心不在於「媒體曝光量」，而在於「心理連結強度」。一個能理解人、願意聽人、勇於表達錯誤的品牌或組織，更容易在動盪的環境中贏得社會信任。

未來的公共關係專業，不再只是公關公司或企業發言人的專業，而是每一個組織成員、每一個發言場域中，每一次與人互動時展現的心理智慧。因為最強大的公關能力，從來就不是話術，而是懂得把人放在心上的那份敏感與真誠。

第一章　為什麼人與人之間的連結這麼重要？

第二章
好感不是偶然：
心理學裡的第一印象策略

第二章　好感不是偶然：心理學裡的第一印象策略

第一節　第一眼印象怎麼影響後續判斷？

■ 第一眼印象的心理根源

你走進一間會議室，看見一位穿著整齊西裝、眼神有神的人站在臺前，還沒開口說話，你心中可能已經冒出「專業」、「可靠」這樣的詞。又或者你走進咖啡廳，看到某品牌包裝設計色彩清新、排版簡潔，你下意識就會聯想到「有品味」、「應該不錯喝」。這就是「第一印象」的力量，它不只影響我們怎麼「感覺」，更深深影響我們接下來怎麼「行動」。

心理學家索羅門‧阿希（Solomon Asch）在 1946 年的經典研究中指出，人們會用極少的線索來快速形成整體印象，而這些初步資訊會強烈影響後續的認知與判斷，這個現象被稱為「初始效應」（Primacy Effect）。我們可以想像，第一印象就像是畫畫時的「底稿」，一旦鋪好顏色，後面再怎麼修改都會受到影響。

■ 快速判斷與系統一運作

行為經濟學家丹尼爾‧康納曼（Daniel Kahneman）進一步將這種快速直覺式反應歸類為「系統一」（System 1）思考。這是一種我們無需努力、幾乎自動發生的心理反應，用來快速解讀周遭人事物的「第一感」。這也讓我們可以用極短時間內決定「喜不喜歡」、「要不要接近」、「值不值得信任」。

第一節 第一眼印象怎麼影響後續判斷?

這種運作雖然高效率,但卻容易偏誤。舉例來說,你可能因為對方穿著不整齊就認定他不夠專業,或因為某品牌廣告設計不吸引人就自動排除它的產品。這些判斷往往發生在你意識到之前,就已經深深影響了你後續的行為選擇與態度評價。

■ 第一印象的強化與偏誤陷阱

第一印象不只會形成,還會自我強化。這在心理學上稱為「確認偏誤」(confirmation bias)與「認知失調」(cognitive dissonance)。當我們已經對某人或品牌產生特定印象後,接下來就會不自覺地尋找支持這個印象的證據,並忽略或合理化那些與之矛盾的訊息。

例如:若你覺得某品牌很專業,你會傾向注意它成功的行銷策略、漂亮的包裝設計、媒體正面報導,而忽略它偶爾的失誤;反之,若你起初對某品牌有負面印象,那麼即使它做出努力改善,你也可能會認為那只是表面功夫。這種心理機制在公共關係中極其關鍵,因為它會造成「形象定型」的現象:一旦定型,很難扭轉。

■ 公共關係中的第一印象管理

公共關係的實務操作中,「第一印象管理」幾乎是一切策略的起點。無論是品牌初次亮相、新產品發表、新聞媒體曝光,甚至是一則社群貼文,每一個初次出場的場景,都是在觀眾心

第二章　好感不是偶然：心理學裡的第一印象策略

中建立「你是誰」的契機。

許多企業會花大錢舉辦品牌發表會、拍攝形象影片、邀請意見領袖站臺，目的不是要一次成交，而是要在受眾心中留下可辨識、可記憶、可喜歡的第一印象。因為他們知道，這印象就像種子，一旦種下，不只會長出態度，還會長出行為——包括分享、回購、口碑推薦或品牌忠誠。

■ 第一印象是心理契約的序章

第一印象不只是瞬間的觀感，而是關係的起點。它決定了我們是否有後續互動的可能，是否願意聽對方講完話、是否會給第二次機會。從心理學角度來看，第一印象就像是一份無形的心理契約序章：它決定了彼此接下來要用什麼語言與方式來互動。

因此，無論你是品牌經營者、創作者、主管或一般職場溝通者，第一印象的心理邏輯都不可忽視。你無法控制別人怎麼想你，但你可以設計一個更容易被理解、被喜歡、被信任的出場方式。這正是公共關係最核心的任務之一：讓人一開始就感覺對了，後面才有機會繼續說下去。

第二節　自我呈現：你想別人看到的你是誰？

自我呈現是一種社交本能

我們每天都在選擇「要讓別人看到我哪一面」。不論是面試時精心準備的自我介紹、社群平臺上挑過的照片、或是工作會議中我們說話的語氣和姿態，這些都是自我呈現（self-presentation）的表現。社會心理學家厄文·高夫曼（Erving Goffman）形容我們每個人就像舞臺上的演員，在不同情境中扮演不同角色，為的是爭取觀眾（也就是他人）的認同與好感。

這並不是偽裝，而是社會互動的自然機制。我們之所以會調整自己，是因為我們重視人際關係中的形象與地位。換句話說，自我呈現不只是「讓別人喜歡我」，更是「讓別人用我想要的方式來認識我」。

呈現的選擇取決於我們想成為誰

心理學家馬克·萊瑞（Mark Leary）提出「印象管理理論」（Impression Management Theory），指出我們會根據不同目標與情境，選擇適合的表現方式。例如：一位創業者在募資簡報時，會強調自己的堅定與專業；但在員工面前，可能更需要表現出親切與鼓舞人心的一面。

這代表我們不是在創造一個虛假的形象，而是在真實自我

中,挑選出最符合當下目的的一部分來放大。這個選擇不只是對外的包裝,同時也會影響我們如何看待自己。久而久之,這些「被看見的我」會反過來成為我們自我認同的一部分。

社群時代的自我呈現更立體也更焦慮

在過去,自我呈現多半局限於面對面互動,但在社群平臺上,我們每天都可能被數百人看到。這也讓自我呈現變得更立體——我們不再只是形象,而是照片、留言、按讚數、轉發內容的總和。

然而,這樣的環境也容易帶來壓力。研究顯示,許多人會因為擔心社群上的形象落差,而產生「社交比較焦慮」。這讓自我呈現不再只是展現,而變成一場競賽——誰更專業、誰更有魅力、誰更幸福?這些心理負擔,也影響我們如何理解自己與他人。

公共關係是一場有策略的自我呈現

對品牌而言,自我呈現就是品牌形象經營的核心。從企業官網的語言、社群貼文的風格,到發言人的語氣與服裝,每一個細節都在向大眾傳遞:「我們是誰」、「我們重視什麼」、「我們要成為什麼樣的組織」。

這也是為什麼現代公關策略要從心理學角度出發。單靠話

術或行銷技巧無法維持長期信任,唯有讓「品牌形象」與「品牌實際行動」一致,才能形成穩固的認同連結。否則,觀眾很快會察覺這不是真誠的呈現,進而產生抵抗與反感。

■ 呈現不只是包裝,更是承諾

自我呈現不是一場表演,而是一種關係的開場白。你呈現什麼樣的自己,就會吸引什麼樣的觀眾,建立什麼樣的互動模式。在心理層面上,呈現是我們與他人之間的一種心理契約,它代表你願意用這樣的方式出現,並承擔這樣的角色期待。

在公共關係裡,懂得自我呈現的人,不是最會包裝的人,而是最能誠實選擇「我希望人們怎麼看我」,並且用一致行動去讓這份看見成立的人。這種人與品牌,更容易被記住,也更容易被相信。

第三節　記憶偏誤與形象管理的盲點

■ 我們記得的,不一定是真實的

你可能有過這樣的經驗:對某個品牌的印象明明已經很模糊了,但只因某次社群上有人負評,你就重新標籤它為「不誠實」、「沒誠意」。或反過來,一個曾有爭議的公眾人物,只要在

某次公益活動中大方捐款,你可能也會不知不覺對他改觀。這不是理性分析,而是「記憶偏誤」在作祟。

記憶從來不是一個準確保存資訊的檔案櫃,而是一種會被選擇、重組、放大甚至篡改的心理歷程。心理學家伊莉莎白・洛夫圖斯(Elizabeth Loftus)指出,人類記憶容易受到暗示、情緒與後續資訊影響。當我們回想起某人或某品牌時,其實記得的是「曾經的印象+後來的新資訊+我們當時的感受」的混合體,而非事件的真實全貌。

■ 過度控制形象,反而產生反效果

在公共關係實務上,形象管理是必要的,但當這種管理過度精密、處處計算、缺乏彈性時,觀眾很容易產生「這是假的」的直覺感。這種感覺不一定來自具體證據,而是來自心理學中的「熟悉性偏誤」(mere exposure bias)與「認知不協調」的交錯作用。

舉例來說,若某品牌在所有通路都過度一致,從用字、畫面到口氣完全無瑕疵,反而會讓人覺得「太假了」。因為我們日常接觸的真實人與組織,是會犯錯、有反覆、有情緒變化的。一旦品牌形象與真實行為產生落差,觀眾就會在心中出現「破圖」感,讓整體信任度瞬間下降。

第三節　記憶偏誤與形象管理的盲點

▊ 記憶偏誤如何影響公共感知

記憶偏誤不只是個人經驗的誤判，它也會在群體中擴散。社群媒體與新聞平臺的「資訊濾鏡效應」，會強化某些記憶線索，讓原本模糊的負面印象變得強烈，或讓原本正面的形象在一次失誤中被徹底扭轉。

這讓公關管理必須面對一個難題：人們不會根據全貌做判斷，而是根據「記得什麼」。而「記得什麼」這件事，並不公平。它受到語言包裝、情緒強度、媒體轉載次數與事件時機影響。這也說明，形象管理不能只是內容產出，更是記憶設計。要讓人記住什麼、忘記什麼、在什麼情緒下想起你，才是公關真正的關鍵任務。

▊ 從說故事到讓人記得故事

許多品牌致力於「說故事」，但成功的品牌，其實擅長的是「讓人記得」。一個有溫度的故事，不會只是表演，而是讓受眾參與其中，產生情緒投射，甚至願意複述給他人聽。心理學家傑羅姆・布魯納（Jerome Bruner）指出，人類記住一段故事的能力，是記住抽象資料的二十二倍。這也說明了，為什麼說得動人比說得完整更重要。

在公共關係策略中，打造一段值得被記住的故事，不是要操弄，而是要誠實挑選「能代表品牌靈魂」的核心經驗，並搭配

適當時機與受眾的心理節奏，讓那段故事進入他們心中，變成一種「選擇性記憶」。當觀眾願意在對的情境下想起你，那才是真正的形象資產。

第四節　Halo 效應與刻板印象的實際運用

先入為主的美化偏誤：什麼是 Halo 效應？

你是否曾經因為某人外表親切、談吐優雅，就自然而然認為他也一定值得信賴、能力優秀？這種「以偏概全」的心理現象，在心理學上被稱為「月暈效應」(Halo Effect)。它是由心理學家愛德華・桑代克（Edward Thorndike）於 1920 年代首次提出，用來解釋為何我們會根據某人單一突出的特質，去推論他其他方面的整體好壞。

Halo 效應的影響並不只在人際互動中發生，在品牌與公共關係領域中也極為明顯。當一個品牌以「高科技」、「環保」、「在地精神」等其中一項特質成功吸引到消費者注意時，這種正向印象會延伸到產品品質、服務態度甚至道德形象，讓人「整體都覺得不錯」。這是心理預設的捷徑，也是一種潛在的形象槓桿。

第四節　Halo效應與刻板印象的實際運用

■ 刻板印象與簡化認知的雙面刃

與Halo效應同樣根植於「先入為主」的心理機制，是社會認知中另一個關鍵概念：刻板印象（Stereotype）。刻板印象指的是我們對某一群體的簡化信念，這些信念不一定錯，但多半是片面的、缺乏彈性且容易造成誤判。

心理學家蘇珊．菲斯克（Susan Fiske）指出，刻板印象能幫助我們在資訊過多的社會環境中快速分類與反應，但同時也容易強化偏見、限制對象的多樣性發展。在公共關係情境中，品牌如果不慎強化了某種負面刻板印象（例如「科技品牌＝冷漠」、「女性保養品＝虛榮」），反而會造成長期信任破口。

■ 善用光環與形象的相乘效應

公共關係專業者若能掌握Halo效應的原理，就能在形象策略上做出「聚焦式放大」。例如強化品牌某位創辦人或發言人的人格特質，讓他的誠懇、專業或幽默成為品牌整體信任感的代表；又或者透過視覺風格、語言語調一致性的塑造，營造一種整體美感，進而讓受眾對品牌在其他領域也產生期待。

這種策略不是欺瞞，而是一種心理上的「形象種子」。一旦正向印象建立，群眾就會在內部認知中自動補全其他正面聯想。相反地，若在初期形象錯置，即使後續努力改善，也常會因「第一印象已定型」而效果有限。

第二章　好感不是偶然：心理學裡的第一印象策略

▰ 刻板印象的化解與逆轉策略

值得注意的是，刻板印象雖難以避免，但卻能被調整與逆轉。研究發現，當人們面對刻板印象與實際經驗產生衝突時，他們會出現「認知不協調」，這時若能設計具挑戰性的溝通情境與人物角色，就有機會破除原有偏見。

舉例來說，某些科技品牌故意選擇非理工背景的女性工程師作為活動代言人，或讓來自非主流地區的青年擔任品牌代表，這不只是政治正確，而是有策略地挑戰大眾對品牌「應該長什麼樣子」的認知。

▰ 用心理預設設計品牌未來

總結而言，Halo 效應與刻板印象本質上是人類面對龐雜訊息時的心理捷徑。在公共關係領域，它們既是陷阱也是工具。當我們理解這些心理機制背後的運作邏輯，就能有意識地設計出既真誠又有記憶點的形象策略，讓品牌不只是「被喜歡」，更能長期「被信任」。

第五節　如何打造一個讓人難忘的品牌性格？

■ 品牌不是產品，而是一種人格投射

在消費者心中，品牌不只是功能與價格的組合，而是一種「人格化」的存在。心理學家珍妮佛・艾克（Jennifer Aaker）提出「品牌人格模型」，指出品牌就像人一樣可以被歸類成不同的性格類型，包括誠實可靠、興奮刺激、成熟穩重、有能力、粗獷自由等。這樣的分類讓我們理解，品牌要成功被記住，必須像一個「有個性的人」，讓人覺得熟悉、可信、有連結感。

這也解釋了為什麼我們會說「這品牌很親切」、「這牌子太商業」、「它感覺沒靈魂」。這些描述其實都來自我們在心理上，已經把品牌當作一個社會互動對象來對待。我們用人的標準看待品牌行為，當它表現一致、真誠、有個性，我們就會更容易產生信任與認同。

■ 形象風格要有核心主張與情感連結

打造品牌性格的第一步，是清楚知道自己要「成為誰」。這不只是行銷定位語言，而是從品牌理念出發，延伸到視覺風格、語言表達、互動方式與內容產出。舉例來說，一個主打「平易近人」風格的咖啡品牌，可能會選擇手寫風格的字體、溫暖的

色調、社群語言上不使用艱深詞彙,並透過分享員工故事或顧客互動來加深情感連結。

這種一致性是形象的心理基礎。根據心理學家羅伯特・席爾迪尼(Robert Cialdini)的研究,人們對「一致的人格」更容易產生信任。品牌若今天親切,明天嚴肅,後天又變得冷漠,會讓受眾產生心理不協調,進而懷疑品牌的真誠度與價值觀。

■ 記憶點源自故事與互動的深度

品牌性格若要「被記得」,不能只有包裝設計或廣告語言,更要創造能引發共鳴的故事與互動。心理學家丹尼爾・康納曼(Daniel Kahneman)強調,人的記憶與感受來自「情緒高峰」與「結束時的感受」這兩個時刻。換句話說,一次令人驚喜的客服體驗、一封細心回覆的 Email、一段出乎預料的品牌影片,都可能成為讓人永遠記得品牌的關鍵時刻。

相反地,那些缺乏情緒層次的品牌互動,很容易在記憶中迅速消失。這也提醒我們,品牌性格要有「厚度」,而這來自你願不願意真正和消費者對話,而不是只是對他說話。

■ 不只讓人喜歡,而是讓人想靠近

真正成功的品牌性格,不只是可愛、吸睛、設計感強,而是讓人「想靠近」。心理學上,「吸引力」與「連結意圖」之間的

第五節　如何打造一個讓人難忘的品牌性格？

關係極其密切。當人們感受到品牌有某種值得尊敬或模仿的特質，他們會更願意主動參與品牌活動、分享品牌內容甚至捍衛品牌名聲。

這種品牌力來自於性格的「真實性」。誠如心理學家卡爾·羅傑斯（Carl Rogers）所說：「真實的自我呈現，會引發對方的信任與真誠回應。」在公共關係中，品牌不必討好所有人，而應該用明確且真誠的性格，去吸引真正的共鳴者，這樣的關係才會長久，也更具行動力。

■ 品牌性格，是情感資本的起點

打造品牌性格的關鍵，不在於花多少廣告預算或使用多少創意語彙，而是你是否有一個明確的角色認知、一致的溝通行為，以及足夠的情感深度，讓人願意記得你、靠近你甚至為你辯護。當品牌像一個「有血有肉」的人存在於大眾心中，它就不只是被選擇，而是成為一種關係、一種日常情感的象徵。

換句話說，品牌性格不是設計出來的，而是活出來的。你怎麼說、怎麼做、怎麼讓人感覺到你，都將一點一滴構成那個「難忘的形象」，而那，就是你最大的心理資產。

第六節　錯誤資訊如何不小心變成你的「形象」？

■ 一句話的誤解，可能定型你的品牌

在資訊爆炸的時代，一則留言、一張錯誤截圖，甚至一句脫口而出的話，都可能在網路上被放大，進而定義你的品牌形象。很多時候，這些資訊甚至不是品牌本身發出的，而是來自他人對品牌的詮釋與再傳播。這就是公共關係最難控制也最真實的部分：形象，往往不是你說了算，而是別人怎麼說你。

這種現象與心理學上的「標籤效應」(Labeling Effect)有關。當一個人或組織被貼上某個標籤後，即使那標籤只是來自一次誤會或單一事件，觀眾往往會基於這個標籤進行認知簡化，認為「這就是你」。在品牌經營上，一次錯誤的資訊擴散，若沒有及時處理，就可能變成你未來長期背負的形象包袱。

■ 假訊息的心理擴散機制

心理學家曾指出，人們對於新資訊的接受度，與其真實性無關，反而與其重複程度有關。這被稱為「真實錯覺效應」(Illusory Truth Effect)，也就是當一則錯誤資訊被多次重複，人們就會傾向相信它是真的。

這說明了為什麼在網路上，即使官方已經澄清過某些謠

第六節　錯誤資訊如何不小心變成你的「形象」？

言,仍然會有人不斷留言「你們之前不是有……」、「我記得這家公司好像……」。這些殘留印象,不來自理性記憶,而是源於潛意識裡對資訊的「重複信任」。錯誤資訊只要夠簡單、夠情緒化、夠容易理解,就比真實的、複雜的澄清更容易留下記憶。

當形象與事實脫鉤,信任就會斷裂

品牌若讓錯誤資訊長期主導大眾的認知,不只是形象受損,更會對信任基礎造成長遠傷害。心理學家提出「認知框架理論」,指出人們理解事件時會套用「已有的理解框架」。當錯誤資訊成功形成一套負面框架,例如「這品牌很冷血」、「這家公司沒誠意」,未來即使品牌提出良好行為,觀眾也會因為「框架不合」而拒絕接納。

這正是為什麼有些品牌即使做了很多努力挽回,卻仍無法翻轉印象——因為大眾早已不再用客觀眼光看待它,而是用一個扭曲的心理濾鏡來過濾任何新資訊。這讓我們理解,形象管理不是一次性澄清就好,而是必須長期建構一套穩定、清晰且抗誤解的心理印象。

如何阻止錯誤資訊變成你的標籤?

第一步,是即時應對。錯誤資訊若在第一時間獲得明確澄清,且能被權威來源放大轉傳,就比較不容易變成群體認知的基礎。

第二步,是持續行為一致性。即使被誤解,也不能因為外界不信而放棄自我定位。真正有效的形象扭轉,來自於一次又一次具體行動的累積,直到群眾發現「原來你不是我以為的那樣」。

第三步,善用群眾澄清。與其由品牌自己講,不如讓用戶、夥伴、媒體等第三方發聲,因為人們更容易相信「非當事人說的話」。這需要平時的信任經營與社會資本累積,讓你在需要被理解的時候,有足夠的聲音可以挺你。

■ 形象的真相,在於被誰記得、怎麼記得

錯誤資訊之所以可怕,不在於它是真是假,而在於它如何滲透群體的記憶結構。品牌若不理解這一點,就容易陷入「我明明沒做錯什麼,為什麼大家印象還是很差」的困惑中。

形象管理不是一場對抗,而是一場認知建構的拉鋸。你無法完全阻止誤解,但可以決定你要怎麼被記得。每一則內容、每一場互動、每一次面對非事實的回應,都是形象的一部分。當你能站穩在「被誤解也有脈絡可循」的高度,那麼,即使有人說錯你,也無法動搖真正信任你的人心。

第七節　提升信任感的行為心理學技巧

■ 信任不是態度，而是一種可感知的行為模式

在公共關係中，「讓人信任」常被當作一種理想目標，但在心理學上，信任其實並非一種靜態的好感，而是一種行為過程中的心理感知。心理學家指出，信任的形成依賴於「預測一致性」與「心理可控感」：人們相信那些言行一致、反應可預測、邏輯清晰的個體或組織。

這也就是為什麼，同樣的訊息由不同人說出來，產生的信任感會天差地遠。信任感不靠說服，而是靠行為「累積」而來。品牌若能夠在每一次接觸中展現出真誠、尊重與一致性，就能慢慢在群眾心理中建立穩固的信任結構。

■ 小動作才是信任的關鍵提示

研究顯示，信任的感知往往來自微小但持續的行為訊號。像是一封即時回覆的信、一個具體的道歉、一句不迴避責任的回應，都能產生強烈的信任加分效果。這些行為看似微不足道，卻能在無形中累積出一種「這個品牌可靠」的直覺認知。

行為心理學家 B‧J‧福格在其行為模式中指出，小而明確的行動比空泛承諾更能引導人產生正向反應。比方說，與其在危機時刻發表一份千字澄清聲明，不如直接讓第一線客服主動

致電當事人致歉。行為的「真實性」與「時間性」，遠比內容是否完美來得更影響信任感。

■ 建立信任的三個心理槓桿

第一個槓桿，是「可預期性」。人們信任那些「做過一次，還會再做一次」的對象。品牌若每次推出新品都有一致的風格與品質，就會在消費者心中形成心理安全感。

第二個槓桿，是「透明性」。品牌若能在犯錯時公開承認、說清楚決策邏輯，而非用模糊話術掩飾，就能讓群眾感受到它願意交出主導權，提升心理控制感。

第三個槓桿，是「情感投入」。這不是煽情，而是展現品牌對用戶的真誠關心。像是在節日發送個性化訊息、對長期顧客做出真誠回饋、願意傾聽顧客意見並實際調整內容，這些都會讓受眾產生「你在乎我」的感覺，而信任正是從這種情感迴路啟動的。

■ 信任感的心理維護機制

信任一旦建立，仍需日常維護。心理學家指出，關係中的信任若未持續獲得正向回饋，會因「期待落差」而逐漸侵蝕。一旦某次互動讓人感到「你不再是以前那個你」，那份信任就會開始動搖。

第七節　提升信任感的行為心理學技巧

這提醒品牌，信任並非保證，而是一種長期持續的「心理契約」。它不僅存在於大事件中，更存在於小細節中。從客服人員的語氣，到活動現場的動線安排，再到廣告訊息是否過度誇張，都是信任感的折射面。

■ 公共關係，是一場信任的累積實驗

提升信任感並不需要太多複雜技術，而是需要心理的同理與一致的行動。從預測性、透明度到情感投入，每一項都對應著人心中建立安全感的核心需求。

品牌若能以行為為基礎，打造一套持續穩定的信任機制，就不需要在每一次危機來臨時臨時抱佛腳。因為真正的信任，是別人願意為你說話、願意等你解釋、願意再給一次機會的心理狀態。而這一切，從來都不是說出來的，而是一點一滴「做」出來的。

第二章　好感不是偶然：心理學裡的第一印象策略

第三章
關係是如何建立起來的？

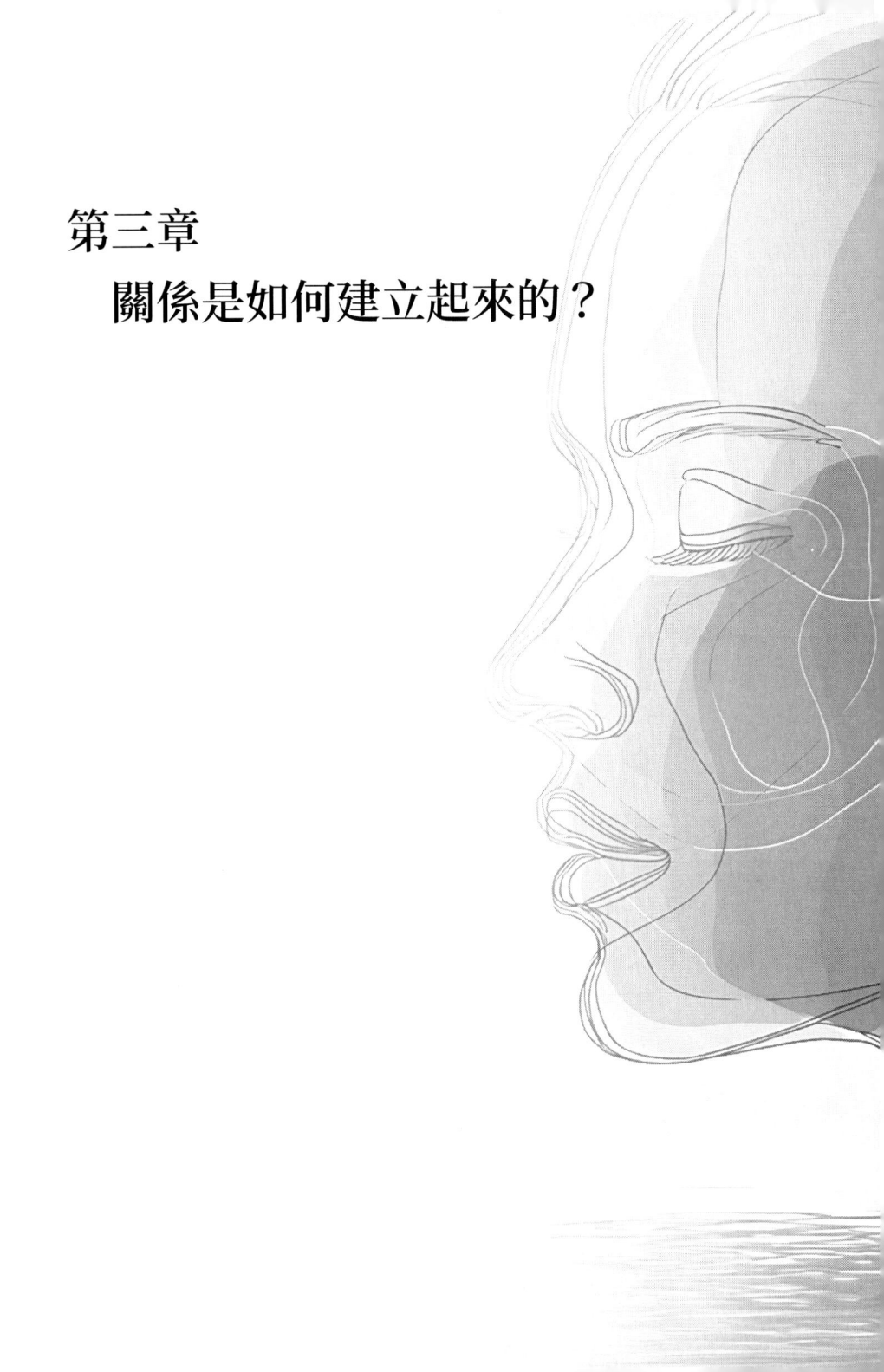

第三章　關係是如何建立起來的？

第一節　關係不是說有就有：從接觸頻率談起

▍關係的起點，其實是「你出現了幾次」

前面提過「曝光效應」——我們之所以覺得跟某人或某品牌「有關係」，往往是因為我們「常常看見它」。由心理學家羅伯特・扎榮茲（Robert Zajonc）於 1968 年提出。研究發現，只要我們反覆接觸某個人或符號，即使對它毫無了解，也會因為熟悉感而產生好感與信任傾向。

這也解釋了為什麼有些品牌即使沒有太多行銷預算，只靠定期出現在社群或固定更新內容，就能建立穩定的追蹤與好感；相對地，那些「出現一下又消失很久」的品牌，即使產品再好，也難以在消費者心理上占有一席之地。因為人腦會根據接觸次數，來推估「這東西是不是重要」、「我是不是該注意」。

▍互動頻率比內容完美更重要

許多公共關係與品牌經營者誤以為，只有內容完美、包裝華麗才值得發布，結果反而讓曝光機會變得稀少。實際上，心理學的研究指出，頻率才是關鍵因素之一。當人們經常在不同情境中看到某個名字或標誌，他們會開始產生「這個品牌好像很可靠」的感覺，哪怕從未真正與它互動過。

這也說明了為什麼 KOL（意見領袖）們經常出現在不同場合、品牌合作、日常貼文中，他們正在透過不斷曝光，建構出「熟悉＝可信賴」的心理等號。對品牌來說，不必每次都做大事，但必須穩定出現；不必每次都說驚人的話，但要有一致的聲音。

「習慣性接觸」的關係積累邏輯

關係不在於「一次說服」，而在於「反覆接觸」後產生的心理習慣。心理學家稱這種現象為「接觸記憶路徑的強化」：我們對某人或品牌有印象，是因為我們的腦神經已經形成了一條穩定的聯想通路。這條通路一旦建立，就會在未來遇到選擇情境時，自動浮現於腦中，提高被選擇的可能性。

更進一步地，當這些接觸是正向的、情緒舒服的，那麼我們的大腦會進一步將這種愉悅感與品牌綁定。這就是為什麼一些生活品牌會選擇在 Podcast 或 YouTube 頻道中贊助出現——不是要直接賣東西，而是要讓你「習慣他在你生活裡」，久而久之，你就會在需要時想到它。

公共關係的第一步：讓人不再陌生

對公共關係來說，建立關係的第一步不是「讓人覺得你厲害」，而是「讓人覺得你不陌生」。只要陌生感還在，心理防衛機制就會啟動；一旦熟悉感出現，心牆才會慢慢鬆動。因此，不

第三章　關係是如何建立起來的？

論是企業品牌、個人 IP 還是公益倡議，若希望與群眾建立真正的連結，必須先學會「穩定且正面地出現」。

關係的建立不是靠一場活動、一支廣告或一次公關危機處理，而是靠日復一日的出現與累積。心理上的熟悉感，才是關係中最穩定的黏著劑。換句話說，別急著說服對方相信你，先確保他「常常看見你」，這就是關係開始的最好方法。

第二節　吸引力的心理成分：外表、價值與相似性

■ 我們為什麼會被某些人或品牌吸引？

吸引力並不只存在於戀愛關係中，它也真實地作用在人際互動與品牌關係裡。心理學家艾倫・柏沙德（Ellen Berscheid）與伊蓮・哈特菲爾德（Elaine Hatfield）在 1960 年代的研究指出，吸引力的形成來自三個主要面向：外表吸引力、價值觀相似，以及社會背景一致性。這三者也深深影響我們對品牌的感受與選擇。

舉例來說，當我們看到一個視覺設計清新、排版整齊的品牌頁面時，會下意識產生「這品牌品質應該不錯」的聯想；這來自所謂的「外表吸引力偏誤」（Attractiveness Bias）。即使我們理智上知道外觀不代表內在，但在快速判斷下，我們仍傾向信任看起來「賞心悅目」的選擇。

第二節　吸引力的心理成分：外表、價值與相似性

■ 外表吸引力的心理捷徑

人類大腦為了節省認知資源，會使用「啟發式處理」(heuristic processing) 來快速做出決策。這意味著，如果一個人或品牌「看起來不錯」，我們就容易推論它在其他層面也表現良好。這種效應不只限於人際溝通，在商品包裝、企業形象設計、網頁排版、社群帳號經營等方面皆然。

外表吸引力會自動引發我們對「專業」、「可信」、「高品質」等正向特質的聯想。這也解釋了為什麼企業花費大量預算在視覺設計與品牌辨識上。對公共關係來說，第一層吸引力就是「是否有讓人停下來看你一眼」的條件。

■ 價值觀相似是深入連結的關鍵

吸引力不只來自外觀，更來自於「這個人（或品牌）和我是不是同一國的」。心理學家指出，我們傾向喜歡與我們價值觀類似的人，因為這會減少衝突與增加預測性。

在品牌溝通中也是如此。當一個品牌公開支持某種社會議題、倡導某種文化態度，或以一種讓人「認同感」高的語言溝通時，便能引發受眾的心理靠攏。例如主打永續理念的環保品牌，就會特別吸引重視氣候議題的年輕族群；主打自我實現的科技產品，則容易獲得創業者或自我成長族群的青睞。

第三章　關係是如何建立起來的？

這種「我們是一樣的人」的感覺，是建立關係中最強大的吸引力來源之一。它超越了價格與功能比較，直接進入認同與歸屬層次，讓品牌不只是選項，而成為一種價值宣示。

■ 相似性創造安全與信任

第三個吸引力來源是「背景相似」。根據社會心理學中的「鏡像假說」(the Mirror Hypothesis)，我們傾向與那些和我們背景相似、語言風格接近、經驗相仿的人建立更深的關係。這種相似性讓我們感到安全，因為我們覺得對方「可以理解我」。

許多品牌在進行公關策略時，會特別設計「說話的方式」來貼近目標受眾。像是針對學生族群就使用較輕鬆、有梗的語言，針對企業客戶則轉為專業、理性與條列式的溝通風格。這並不是操弄，而是理解「吸引力＝理解感」，而理解感來自於「我們很像」。

■ 吸引力是打開關係之門的心理邀請函

無論是個人還是品牌，要建立關係的第一步是「被吸引」。而真正有效的吸引力不是靠單一特質，而是由外表賞心悅目、價值觀對頻、語言與風格一致性共同構成的一種「心理邀請函」。它讓人感覺：「我想認識你」。

公共關係若能理解這些心理層面的吸引力元素，並有意識地將之融入每一場活動、每一段文字、每一張圖片之中，就能大幅提升連結的機率。畢竟，在這個選項無限的世界裡，誰能先吸引目光、喚起共鳴，誰就有機會贏得關係的起點。

第三節　親密感怎麼累積出來？

親密不是一種感覺，而是一種心理結構的建立

我們常說「跟某人很親」，但其實心理學中的親密感（Intimacy）並不是單純的好感或熟悉，而是一種更深層的心理結構。心理學家亞瑟・阿倫（Arthur Aron）提出「自我擴展理論」（Self-Expansion Theory），說明當我們與他人互動時，若能夠感受到自己在對方身上有所延伸、學習或被理解，我們就會產生親密感。換句話說，親密感是一種「你讓我成為更完整的自己」的感覺。

在公共關係中也是如此，受眾對品牌的親密感，並非來自於折扣或廣告聲量，而是源於「我覺得你理解我」、「我透過你變得更有價值」這樣的心理連結。當品牌不只是傳遞訊息，而是與使用者共同參與某些價值、情緒或目標時，親密感才會逐漸累積出來。

第三章　關係是如何建立起來的？

■ 真誠揭露是親密的第一步

心理學家薛尼・喬拉德（Sidney Jourard）強調「自我揭露」在關係建立中的作用。他指出，人與人之間若能坦誠分享個人感受、價值觀與困境，彼此間的心理距離就會拉近。在品牌與受眾之間也同樣成立。當品牌願意分享自身的故事、歷程、挫折與理念時，就能讓受眾覺得「你是有情感、有歷程的，不只是賣東西的公司」。

這種真誠揭露不只是講感性故事，更是打開對話空間的鑰匙。比方說，一間本土餐飲品牌公開創業艱辛過程與員工訓練的內部紀錄，會比冷冰冰的產品介紹更容易建立情感。因為這不只是行銷，而是一種「你讓我更理解你」的心理建立，而理解，是親密感的前奏。

■ 一起經歷的時刻會加速連結

根據心理學的「共同經驗理論」，人們在一起經歷事件時，會產生更強的情感連結。這種共同行動，即使是小事，都會留下深刻記憶。舉例來說，一起參加品牌活動、共同回應社會事件、參與限定企劃或產品共創，這些行為雖然可能只是一次性，但在心理上卻建立了「我和你有過故事」的情感軌跡。

這正是許多品牌透過實體活動、社群參與、客戶故事徵集等方式，創造「參與感」的原因。因為比起單方面說話，更親密

的關係來自於「我們一起做過什麼」這種行為上的共同記憶。透過這些互動，品牌不再只是單向發聲的主體，而成為受眾生活中的「共伴者」。

積累式互動與情緒厚度的關鍵

親密感不是一蹴可幾，而是隨著時間與事件層層堆疊的結果。心理學家哈利·瑞斯（Harry Reis）在其「關係投資理論」中指出，關係的穩固程度取決於雙方投入的資源——包括時間、情緒、注意力與回應。品牌若僅在重大節日出現、或只在促銷時溝通，難以讓人感受到「你真的在我生活中」。

真正有效的親密感來自日常：客服人員的語氣是否溫暖、社群小編是否會記得用戶名字、產品包裝上是否藏有貼心的祝福語。這些看似細節的元素，其實都是品牌與受眾建立「我們有關係」的重要支點。當這些行為持續發生，親密感就像堆積木一樣，一層層往上建構。

品牌親密感，是信任與情感的交集

親密感不只是關係的溫度，更是行動的黏著劑。當品牌與受眾之間產生真誠、深入、長期的情感互動，那不再只是買賣行為，而是一段具有社會心理意義的連結。這種連結不只提升顧客忠誠度，更是品牌面對危機時的最大緩衝力。

第三章　關係是如何建立起來的？

親密感無法快速塑造，但可以日積月累地被建立。品牌若能持續誠實、自我揭露、邀請參與並回應情緒，就能在用戶心中不只是「有用的服務提供者」，而是「我生活中一部分的人」。這樣的存在感，才是公共關係最深層也最難取代的資產。

第四節　社會交換理論與「划算的人際互動」

人際互動中的心理算盤

雖然我們常說「真心換真心」，但事實上，人在建立關係時心中往往有一把「心理計算機」，默默評估自己投入的資源是否值得。這正是社會心理學中的「社會交換理論」（Social Exchange Theory）所描述的核心觀點。由喬治・霍曼斯（George Homans）與彼得・布勞（Peter Blau）等學者提出，該理論認為所有人際關係本質上都是一種資源交換：時間、情感、注意力、金錢，甚至是社會地位，只要你有付出，就會希望有回報。

在公共關係實務中也是一樣。品牌與顧客之間的互動若被感知為「划不來」，關係就很難長久。消費者會問：「我為你轉發了這麼多活動訊息，你有給我什麼？」、「我訂閱了你這麼久，結果優惠還不如新戶？」這些質疑其實都來自一種「我投入了，

第四節　社會交換理論與「划算的人際互動」

但沒得到對等回應」的不平衡感。當人際或品牌關係讓人覺得虧損，信任與好感就會慢慢流失。

■ 公平感與心理收益的微妙平衡

社會交換理論強調一個重要概念：公平感（Perceived Equity）。心理學家亞當斯（J. Stacy Adams）指出，人們不只是評估自己的投入與獲得，還會拿來與「他人」做比較。如果發現自己比別人投入更多卻得到更少，即使本身回報也不算低，仍會感到不公平。

這現象在品牌會員制度中尤其常見。若品牌只重視新顧客、忽略老顧客，長期支持者就會產生不平等感，導致心理抵抗。相反地，若品牌懂得適時回饋、設計累積性回報機制，讓每一份投入都看得見成果，便能強化顧客的情感投資動機。

■ 「情感投資報酬率」的管理策略

除了實質獲得外，消費者更在意的是「心理收益」。例如一個品牌讓人覺得自己被重視、有參與感、有意義，那麼即使實質回報有限，也能讓人願意持續投入。這就是「情感投資報酬率」的概念：我對你投入情感後，是否能得到認可、感謝或共鳴？

行為心理學家馬修・利伯曼（Matthew Lieberman）曾指出，社會大腦會對「被看見」與「被回應」特別敏感。品牌若能在互

第三章　關係是如何建立起來的？

動中展現出回應性，例如留言有回、抱怨有處理、意見被採納，就能激活人們對關係的信任與忠誠。

■ 關係長久的關鍵：持續互惠

根據社會交換理論，最穩定的關係是「雙方持續覺得值得」的狀態。也就是說，品牌不能只在初期給予，後期就轉為收割式操作。長期來看，顧客會不斷重新評估這段關係是否值得繼續。這種心理動態，也呼應了「心理契約理論」（Psychological Contract Theory）：若你違背了顧客對於公平互動的期待，即使法律上無錯，情感上也會產生斷裂。

因此，品牌應該建立「長期互惠機制」，不只是給予優惠，而是讓使用者感受到每一次的互動都具有價值。像是依據消費歷程給予個性化建議、在特定日子發送關懷訊息、讓忠實顧客有參與產品研發的機會，這些都是讓人覺得「我不是工具，而是夥伴」的具體做法。

■ 當品牌學會算心理帳，關係才划算

所有關係都是一種心理交換。當人們覺得付出與回報不對等時，就會選擇退出關係；但當他們發現「這段互動讓我感覺自己有價值」、「我做的不白費」，就會主動加深連結。

公共關係的本質，是讓受眾在心理上感覺「這是一段值得投

資的關係」。唯有當你理解了受眾的心理帳本，並願意長期在其中記上一筆又一筆真實的回應與互惠，關係才會不斷成長，而不只是一次性的買賣。

第五節　互惠原則：
為什麼你對我好，我就對你好？

▌人際關係的「回應機制」

在人類社會中，互惠（Reciprocity）是一種根深蒂固的行為模式，幾乎不需教育便能自動啟動。心理學家羅伯特・席爾迪尼（Robert Cialdini）在其經典著作《影響力》中指出，互惠原則是人際影響的六大原則之一，也是最具普遍性的社會規則之一。簡單來說，就是「別人對我好，我應該回報」。這種潛在義務感讓我們即使沒有被要求，也會自動產生回應的動機。

這個機制源自早期人類的生存策略：當我們願意在資源不足時互相幫助，就能增加彼此的生存機率。現代社會雖不再需要以食物交換生存，但這種心理反射仍深植人心，也被廣泛應用在公共關係與行銷策略中。

第三章　關係是如何建立起來的？

■ 小恩惠引發大回應的心理機制

心理學實驗顯示，哪怕是一個小小的舉動——例如餐廳送上的一顆薄荷糖、品牌寄來的一張親筆卡片，都可能在對方心中留下「我應該回報」的種子。這種不成比例的回應現象被稱為「互惠加乘效應」：小恩惠所觸發的回饋行為，可能遠超原本投入的成本。

對品牌來說，這代表著一個關鍵策略——不是等顧客先付出，而是主動釋出善意。像是提供免費體驗、開放試用期、主動提供協助，這些行為在心理上創造了一種「我欠你一個人情」的感覺，而這份人情，就可能轉化為忠誠、口碑或購買行為。

■ 互惠也要搭配誠意與時機

不過，互惠原則並不表示任何給予都會產生回報。某位心理學家在一項研究中寄出 600 封聖誕卡給陌生人，結果竟收到 200 多封回信，這說明人們會對「意料之外且看起來真誠的善意」產生強烈回應。

但如果品牌給予看起來目的性太強、太商業、或時機不當，互惠就可能變質為壓力甚至反感。例如強迫推銷後送的小贈品、在危機後才急於做公關彌補，往往讓人覺得「你不是為我好，而是為了自己利益」。這種時候，互惠不但無效，還可能傷害信任。

第五節　互惠原則：為什麼你對我好，我就對你好？

■ 公共關係的互惠循環設計

成功的互惠關係來自於長期經營的「回應文化」。品牌若能建立一種「我們聽見你，並會回應你」的模式，就能讓顧客不斷感受到：這是一段雙向而有溫度的關係。例如透過用戶回饋來優化產品、社群活動中公開感謝參與者、在用戶人生節點送出關懷訊息，這些舉動都是打造互惠循環的關鍵行為。

此外，互惠並非只能在品牌對顧客發生，也能擴展為顧客對顧客的擴散效應。當使用者因為感受到被善待，而願意主動推薦品牌、回覆他人問題，這時品牌已成功讓互惠原則內化為社群文化。

■ 真誠，是互惠最重要的觸發器

互惠原則是人類天性中的一種回應直覺，它能夠強化關係、創造忠誠，也能讓品牌與大眾建立更深的心理連結。然而，這一切的前提是「真誠」。沒有誠意的給予，只是操控；而有誠意的善意，哪怕只是微小動作，也足以撬動一段長久的關係。

公共關係的本質，不是操作人性，而是理解人性。當你願意在沒有回報保證的情況下，先為對方付出一點什麼，那份「先給」的勇氣與溫度，就是彼此心理上最堅固的橋梁。

第六節　信任與背叛：心理學怎麼解釋破裂的關係？

信任是關係的核心資產

在所有人際與品牌關係中，信任始終是核心價值。心理學家艾瑞克・艾瑞克森（Erik Erikson）在其心理發展理論中指出，「基本信任」是個體建立關係的第一階段。當人們在互動中感受到一致性、可預測性與尊重時，信任感便會逐步成形。然而，這份信任一旦被破壞，重建的代價往往遠比初次建立來得困難。

信任不僅僅是一種信念，更是一種心理上的風險接受狀態。當我們選擇相信某人或品牌，就等於把自己置於一個「可能受傷但希望不會」的情境中。一旦期望落空，心理上的反彈不只是失望，而是懷疑、警戒，甚至否定整段關係。

背叛感是信任落差的情緒爆炸

心理學家約翰・霍姆斯（John Holmes）提出「信任契約」的概念，說明關係中的信任是一種無形但具體的心理契約。當一方違背了承諾、隱瞞真相或做出違背預期的行為，另一方會感受到強烈的背叛感。這種情緒不只是針對事件本身，而是對整個關係框架產生懷疑。

第六節　信任與背叛：心理學怎麼解釋破裂的關係？

例如：當一個自詡為「重視顧客回饋」的品牌，在危機中選擇沉默或切割責任，消費者的情緒反應往往不只是「不開心」，而是「原來你不是我以為的那樣」。這種認知落差，就是心理學上所謂的「情感背叛」（Emotional Betrayal），對關係的殺傷力遠大於功能性失誤。

▊ 背叛記憶的長尾效應

背叛事件對心理留下的痕跡，不會隨時間自動消退。根據心理學家丹尼爾·康納曼（Daniel Kahneman）的研究，負面情緒記憶在大腦中的權重遠高於正面經驗。也就是說，消費者可能因為一次背叛感經驗，就否定一個品牌多年，甚至轉而攻擊、抵制。

這也解釋了為什麼品牌危機處理若反應不當，即使後續改進得再好，仍難以恢復原有的信任。因為在心理層面上，信任一旦破裂，會啟動「心理防衛模式」，讓人自動過濾掉對方後續的善意舉動，只記得那一次的「被傷害」。

▊ 如何從破裂中修復？

儘管信任難以重建，但仍有可能。心理學研究指出，修復關係的第一步，是誠實面對破裂本身。品牌或個人若能主動承認錯誤、清楚說明原因並提出具體補救措施，才有可能重新贏

第三章　關係是如何建立起來的？

回一絲信任空間。這裡的關鍵，不是表面誠意，而是行動層面的可驗證回應。

第二步，是持續投入穩定行為。心理學家萊斯特‧盧伯斯基（Lester Luborsky）提出的「行為一致理論」指出，受眾會根據對方未來的言行是否一致，來重新修正對其評價。也就是說，不是靠一句道歉或一次回饋就能補償，而是靠接下來的每一次互動，都不再犯同樣的錯。

第三步，是讓他人見證轉變。透過 KOL、媒體、老顧客等具公信力對象發聲，讓受眾感受到「你不再只是自己說你變好了」，而是有外部印證。這種「第三方見證」在修復過程中，能幫助降低受眾的懷疑與防衛。

■ 被信任是種責任，而不是榮譽

總結而言，信任與背叛的心理過程，其實就是一場對價值與關係本質的再檢視。當品牌在平常經營中建立出清晰價值觀、誠實溝通模式與回應機制，就能大幅減少背叛感發生的可能。

然而，若不慎造成關係破裂，也不要輕易放棄。心理學給予我們的最大啟發是：關係能壞，也能修，只要你願意承認、修補、並不斷行動地證明「我值得再被相信」。因為信任不是永遠的，它是需要一次又一次被照顧的心理契約。

第七節　經營關係的黃金三角：認同、投入與滿意度

■ 三元素理論是關係持久的心理基礎

在行為科學與公共關係領域中，「認同」、「投入」與「滿意度」被視為經營穩定關係的黃金三角。這一理論可追溯至組織行為學者莫根和杭特（Morgan & Hunt, 1994）所提出的關係行銷模型，也被廣泛引用於品牌經營與顧客心理分析。三者彼此獨立又互相強化，缺一不可，共同決定關係能否走得長遠。

簡單來說，認同是情感上的「我覺得你是我自己人」，投入是行動上的「我願意花時間精力在你身上」，而滿意度則是結果評估的「你沒有讓我失望」。當這三者齊備，就形成了牢固的心理承諾，讓顧客即使面對其他選項，也不輕易動搖。

■ 認同感來自價值觀與文化共鳴

認同不是喜歡，而是一種深層的自我延伸。心理學家亨利・泰菲爾（Henri Tajfel）在社會認同理論中指出，人會傾向將自己歸屬於某些群體或品牌，藉此強化自我價值感。當品牌能夠清楚表達自身立場與文化態度，就能吸引「志同道合」的顧客群，產生身分上的歸屬感。

第三章　關係是如何建立起來的？

舉例來說，某環保品牌強調極簡與永續理念，便會吸引那些重視生活質地、關心環境議題的消費者。他們不只是「買東西」，而是透過購買來表達「我是一個怎樣的人」。這種認同感一旦建立，品牌就不只是商品供應者，而是顧客認同自我的載體。

■ 投入是一種時間與情緒的交換

投入不同於黏著度，也不等於消費頻率。心理學家克拉克與米爾斯（Clark & Mills）指出，關係中的投入是一種情感投資，代表個體願意為了這段關係犧牲其他選擇，並持續投注注意力。這種投入可能展現在主動參與品牌活動、分享內容、寫下使用心得，甚至主動回饋意見。

品牌若能設計出讓人願意「投入」的互動形式，便能創造情感連結的深度。例如 Netflix 透過演算法推薦個人化內容，讓用戶每次觀看都覺得「你懂我」，形成心理期待與依賴；又如某在地咖啡品牌記得顧客的飲品偏好與名字，讓人感覺「我在這裡被看見了」。這些看似瑣碎的細節，其實就是維持投入的基礎架構。

■ 滿意度不是一時感覺，而是整體評估

顧客的滿意度並非取決於單一事件，而是長期經驗的總和。心理學家奧利佛（Richard L. Oliver）在其「期望－確認理論」中

指出，顧客的滿意來自實際經驗是否符合、甚至超越他原本的期望。若體驗低於預期，即使產品再便宜，也難以留住人心。

對公共關係來說，這提醒我們：不是提供服務就代表關係會穩定，而是服務是否穩定地「不讓人失望」。從官網介面操作、客服回應速度、包裝開箱體驗，到社群互動氛圍，這些都是顧客用來評估「我跟你這段關係值不值得維持」的依據。高滿意度是關係中最直接的正向回饋，是驅動重複互動與推薦意願的燃料。

黃金三角的整合效應：讓關係從交易走向承諾

認同提供了情感黏著力，投入帶來了行動頻率，滿意度則確保了體驗品質。當三者彼此強化，關係就不再是「因為便宜才選擇你」，而是「因為你值得，我願意一直留在你身邊」。

公共關係的真正價值，不在於短期熱度或廣告流量，而是能否長期經營出一群認同你的理念、願意投入時間並感到滿意的群體。他們不一定天天說你好，但當你需要被理解與支持時，他們會站在你這邊。這樣的關係，才是經得起時間與風險考驗的心理資產。

第三章　關係是如何建立起來的？

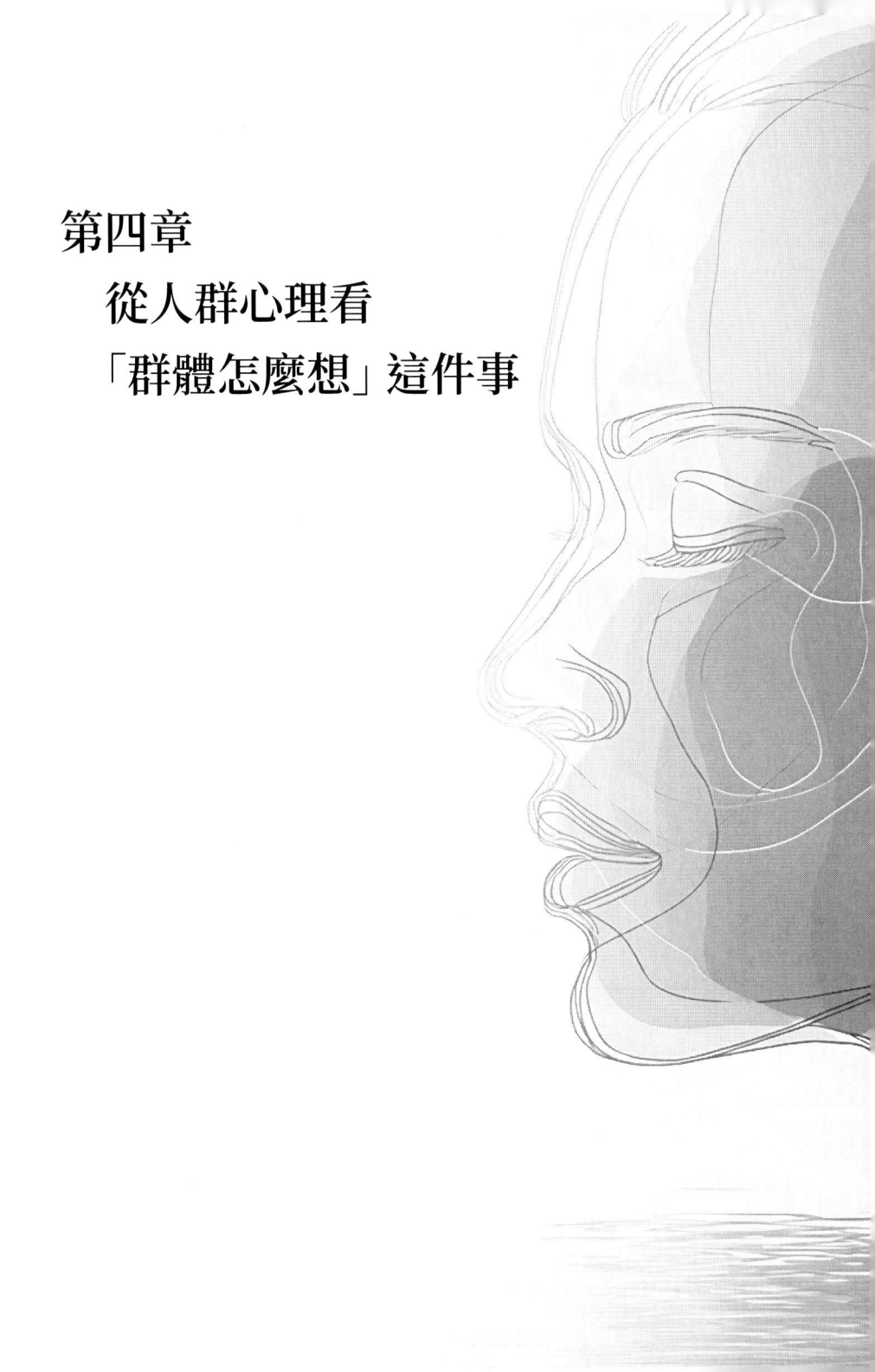

第四章
從人群心理看「群體怎麼想」這件事

第四章　從人群心理看「群體怎麼想」這件事

第一節　個人和群體的想法一樣嗎？

■ 人在群體中，思考方式會改變

我們經常以為「人是獨立思考的個體」，但心理學早就揭示：一旦進入群體，人們的判斷與行為會迅速受到他人影響，甚至和自己原本的信念背道而馳。這種現象，是社會心理學的核心議題之一。

心理學家古斯塔夫·勒龐（Gustave Le Bon）在其著作《烏合之眾》中早早指出：「人在群體中會暫時失去個人意志，轉而被集體情緒主導。」這也說明為何在抗議場合、球賽現場、甚至社群網路上，我們會見到理性個體進入群體後，變得更容易激動、附和，甚至轉向。

■ 群體影響是潛意識的感染過程

群體對個人的影響並非都來自外在壓力，更常見的是潛移默化的「社會感染」（Social Contagion）。這指的是一種不需語言、不需命令的心理傳染效應。我們在看到別人笑就想笑、看到別人搖頭就會懷疑自己，這些都是最直接的例子。

心理學家艾克曼（Paul Ekman）發現，人類有模仿他人情緒的本能，透過鏡像神經元（mirror neurons）來同步他人感受。當這種同步發生在一個群體中，會產生放大效果。原本只是幾個

人焦慮,很快整群人就陷入集體恐慌;原本只是輕微疑慮,也可能迅速演變為輿論危機。

■ 個體意見會為了「融入」而調整

除了情緒感染,人在群體中的思考也常常會為了「被接受」而做出妥協。這被稱為「規範性社會影響」(Normative Social Influence),意思是人們會改變自己的行為或意見,以符合他人期待、避免被排擠。

阿希(Solomon Asch)著名的「從眾實驗」證明了這點。他讓一群受試者在明知答案錯誤的情況下,因為看到多數人一致給出錯誤答案,結果有超過三分之一的受試者也跟著回答錯誤。這說明人們在面對群體時,經常會選擇「不當異類」,即使心裡有不同的想法,也會表面附和。

■ 群體不是一群人,而是一種認同場域

更深層地看,群體不只是人數的堆積,而是一種心理場域。心理學家泰菲爾(Henri Tajfel)指出,當我們把自己歸類為某個群體成員時,就會產生內外群體的區分,進而出現「偏好自己人」的行為傾向。

舉例來說,一個蘋果用戶可能會下意識貶低安卓用戶,一個某品牌的愛好者可能會對競品產生排斥,這些都不一定來自

第四章　從人群心理看「群體怎麼想」這件事

真實經驗,而是心理上的「群體認同」在作用。對公共關係而言,這表示品牌溝通不能只看個人心理,更要考慮「他所歸屬的群體是怎麼想的」。

■ 個體與群體心理的交界處,正是關係策略的起點

個體與群體心理並不總是一致。在群體中,人的信念、行為與情緒都會受到同儕與場域的形塑。公共關係若只針對個人特質做溝通設計,可能會忽略群體影響力帶來的心理動能。

真正有效的公共關係策略,應該要同時看見兩個層次:一是個體如何在關係中建構自我,二是群體如何在互動中形塑規範。唯有洞察這兩股力量交織的邏輯,我們才能真正理解「人群怎麼想」,並找到與他們建立深層連結的最佳路徑。

第二節　從眾效應與群體壓力:為什麼我們不敢不同意?

■ 我們不敢表達不同,並不是因為沒有意見

你是否曾在開會時明知某個提議有問題,但看見其他人紛紛點頭,自己也只好勉強跟著?這就是心理學中著名的「從眾效應」(Conformity Effect)。從眾行為並不是因為缺乏主見,而是

第二節　從眾效應與群體壓力：為什麼我們不敢不同意？

群體壓力改變了我們的表現。心理學家阿希（Solomon Asch）的經典實驗指出，人在面對多數意見時，即使知道正確答案，也會因為不想顯得突兀而選擇「跟著大家走」。

從眾效應來自於一種心理安全的需求：當我們與他人一致，就比較不容易被挑戰與排擠。這種集體一致的行為模式在人類演化中曾帶來生存上的優勢，但在現代社會卻可能成為壓抑創意與真實表達的絆腳石。

■ 規範性壓力與資訊性壓力的雙重夾擊

心理學家赫伯特・凱爾曼（Herbert Kelman）將從眾分為三種形式：順從（compliance）、認同（identification）與內化（internalization）。其中最常見的是順從，也就是「我心裡不同意，但表面配合」。這來自於一種「規範性社會壓力」，即我們害怕因不同而被排除在群體之外。

另一種則是「資訊性社會影響」，指的是當我們對某件事沒有明確答案時，會假設「多數人可能知道得比較清楚」，因此跟隨他們的選擇。這種情況在品牌操作中非常常見。舉例來說，當我們看到一款產品在電商平臺上有數千則好評，就算沒有實際體驗，也會傾向相信這產品值得購買。

第四章　從人群心理看「群體怎麼想」這件事

▌從眾與品牌形象的擴散效應

在公共關係操作上，從眾效應常被運用來打造「社會證明」。例如：「超過一百萬人下載的 App」、「九成用戶推薦的產品」、「社群網友一致好評」。這些話術的心理作用不是在傳遞資訊，而是在營造「別人都這樣做」的場域，讓我們感到若不跟進就是脫隊。

然而，過度操弄從眾心理也有風險。當消費者發現評價是灌水的、數字被操作過，就會出現「認知失調」，對品牌產生不信任。真正有效的社會證明，應該來自真實的用戶經驗分享，而非單方面吹捧。

▌為何打破一致性這麼難？

即使我們知道某些集體行為是錯誤的，要出面指出仍非常困難。這背後有個心理機制叫「少數者效應壓抑」。當人處於少數位置時，大腦會預期「說出不同意見會換來否定、冷場甚至攻擊」，於是選擇沉默。

這種現象在組織內部尤其明顯，讓許多明明看出問題的員工選擇「多一事不如少一事」。但從公共關係角度來看，若品牌能創造一個鼓勵發聲、包容異見的文化氛圍，反而更容易吸引那些願意「說真話」的忠實用戶。

■ 建立一個容許不一樣的群體空間

要打破從眾效應,關鍵不是叫人「勇敢說真話」,而是讓人覺得「說真話是安全的」。心理學家艾美‧艾德蒙森(Amy Edmondson)提出「心理安全感」(Psychological Safety)概念,指的是團體成員在無懼後果的前提下,能安心表達不同意見。

品牌若能營造出這種氛圍,讓使用者在平臺上分享抱怨不會被刪文、給建議會被認真聽見,甚至被邀請參與改善過程,那麼就能打破單一聲音主導的場域,讓品牌更具包容力與成長性。這樣的公共關係,才不是喊口號,而是真正在與群體互動。

從眾效應是群體心理的本能,但不是命運。當我們理解其成因與心理結構,就有機會設計出更健康、更真實的互動場景。真正強大的品牌,不是讓人都一樣,而是讓不一樣的人都能安心留下來。

第三節　標籤與貼標:群體認同的影響力

■ 標籤不是描述,是一種心理框架

「他是宅男」、「她是文青」、「這是精品」、「那是地攤貨」──我們每天不知不覺都在貼標籤,也被貼上標籤。這些語言看似只是形容詞,實際上卻是心理學上深具影響力的「分類系統」。

第四章　從人群心理看「群體怎麼想」這件事

標籤效應（Labeling Effect）會影響我們對人的認知、態度與行為反應，進而決定我們怎麼對待某個人、某個品牌，甚至怎麼看待自己。

心理學家羅森塔爾（Robert Rosenthal）與雅各森（Lenore Jacobson）進行過一項著名實驗：當老師被告知某些學生是「資優兒童」，即使那是隨機選出來的假訊息，這些學生仍在期末表現明顯進步。原因在於老師在潛意識中對他們更期待、更關注、更耐心，進而改變了學生的學習狀態。這就是標籤的自我實現預言效應。

■ 被貼上的標籤會變成自我認同的一部分

標籤不只影響外界對我們的看法，也影響我們對自己的看法。社會心理學家霍華德·貝克（Howard Becker）提出「貼標理論」（Labeling Theory），說明社會如何透過標籤建構「偏差行為者」。例如：一個孩子若不斷被說「你很難教」，久而久之他可能真的表現出抗拒學習的樣貌。

同樣地，一個品牌如果被長期貼上「奢侈」、「遲到出貨」、「只會打廣告」等標籤，久而久之大眾即使沒用過，也會預設這些形象是真實的。這種標籤會內化為品牌的社會認知，進而左右消費者是否願意進一步接觸。

而當個人或品牌接受這些標籤為真實，並以此塑造自我形象，貼標就從一種外在評價變成了內在認同。例如：有些品牌

乾脆把「年輕」、「非主流」、「厭世」這些原本可能是負面標籤，轉化為文化態度，形成專屬族群的心理認同。這種做法一方面抗衡了主流社會的價值規範，另一方面也精準抓住了特定市場的認同需求。

貼標會決定誰能被接納，誰被排除

標籤不只是文化現象，更是一種權力操作。誰有權貼標？誰被貼標後無法翻身？這些問題決定了一個人或品牌在社會中的位置。舉例來說，當某品牌被媒體冠上「剽竊設計」、「罔顧環保」、「對員工苛刻」等負面形象，即便事後澄清，這些標籤仍可能深植人心，並造成「品牌人格」的長期陰影。

社群時代這種標籤化更加加劇。一則留言、一張截圖、一段影片，就可能迅速凝結成一個標籤，透過轉發與再創作快速擴散，讓品牌形象從多元轉為單一。這種現象也被稱為「社群簡化效應」，即為了快速理解與傳播，我們傾向將複雜的對象簡化為一個印象、一句話、一個字。

如何善用標籤的力量建立品牌認同

在公共關係中，標籤效應是一把雙面刃。被動地接受標籤，容易讓品牌陷入社會預設；但若能主動設計標籤，則有機會引導受眾形成一致的心理印象。這就是所謂的「品牌定位」：不是你是什麼，而是你希望被看成什麼。

第四章　從人群心理看「群體怎麼想」這件事

許多成功品牌都懂得這種心理操作。例如 Nike 把自己定位為「挑戰極限的象徵」，蘋果讓人覺得「創意的人用 Mac」，誠品則成為「文化人的精神棲地」。這些標籤讓品牌不只是賣產品，更變成一種心理歸屬。

要做到這一點，品牌需清楚設計自己的語言風格、視覺形象與價值立場，並確保在所有接觸點一致傳遞。這樣才能讓受眾在面對資訊爆炸時，自動以那個標籤想起你，甚至為你辯護，因為你已經成為他群體認同的一部分。

■ 標籤，是通往人心的捷徑

標籤不只是語言，它是一種心理框架，也是一種文化權力。在公共關係操作中，與其害怕被貼標，不如主動定義自己的標籤；與其只在危機時撕標籤，不如平常就穩定打造可供認同的形象。

當品牌願意誠實、清晰且一致地說出「我是誰、我代表什麼」，就不只是避免被誤解，更是讓真正的受眾找到歸屬。這樣的標籤，不是限制，而是連結。

第四節　公共意見與議題設定：媒體怎麼引導風向？

■ 公共意見不是自然長出來的

我們總以為大眾輿論是一種自然集結，但心理學與傳播研究卻早已揭露：公共意見其實是被引導出來的。根據「議題設定理論」（Agenda-Setting Theory），媒體不告訴我們該怎麼想，但會決定我們要去想什麼。換句話說，媒體透過選擇哪些議題被報導、哪些被忽略，就能有效形塑大眾的關注焦點。

心理學家麥庫姆斯（Maxwell McCombs）與肖（Donald L. Shaw）在1972年研究美國總統選舉時發現，選民認為最重要的社會議題，與媒體報導比例高度相關。也就是說，大眾並不是自己發現問題，而是被媒體「提醒」去在意某些問題。這種提醒效應，在社群時代更加強烈與快速。

■ 框架理論：怎麼說比說什麼更重要

除了議題的選擇，還有一種更細緻的操作：框架理論（Framing Theory）。這個概念由心理學家特沃斯基與康納曼所提出，指出人們對同一事件的認知，會根據描述方式不同而產生完全不同的判斷。例如：說「90％成功率」與「10％失敗率」雖然邏輯相同，但前者會讓人覺得樂觀，後者則偏向悲觀。

第四章　從人群心理看「群體怎麼想」這件事

在公共關係實務中，框架設計決定了品牌或議題如何被理解。舉例來說，一間科技公司在說明裁員時，若以「調整組織資源、聚焦未來轉型」來陳述，與直接說「我們要裁員 300 人」，兩者傳遞的情緒氛圍完全不同。這並非扭曲事實，而是用不同的心理角度，讓大眾理解事情的意義。

■ 社群平臺成為新的風向製造機

在過去，媒體是意見的發動者；但如今，社群平臺已取代傳統媒體成為風向的發酵場。關鍵不再是「誰說了什麼」，而是「這個說法能不能被擴散」。透過按讚、分享、引用與轉發，社會意見的權力結構出現大幅轉移。這也讓「病毒式傳播」與「情緒引爆點」成為公共關係操作中的新關鍵。

在心理學中，這種傳播模式可對應到「可得性捷思」（Availability Heuristic）：人們更容易信任重複出現的資訊，或是在腦中留下強烈印象的敘事。因此，一個觀點只要夠聳動、夠具象、夠多次出現在眼前，就容易被視為「多數人都這樣想」。

■ 品牌如何參與而不被反噬？

公共意見的風向常常變化莫測。品牌若想介入社會議題或公共論述，必須非常謹慎。一方面要有立場，一方面要能接受回應。這需要高度的議題敏感度與心理風險評估。

第四節　公共意見與議題設定：媒體怎麼引導風向？

有些品牌會在重大社會事件中表態，表現其價值觀與群體認同。例如 Black Lives Matter（黑人的命也是命）運動中，許多國際品牌選擇站出來表態反歧視。然而，也有品牌因為表態不夠一致或被質疑「作秀」，反而引發反效果。心理學上稱這種現象為「誠信失調」（Moral Licensing）：當品牌說一套、做一套，消費者會因期望落差而產生反彈。

■ 建立長期議題感知力，而非短期蹭熱度

公共意見與媒體風向並非不可預測，而是可以理解與回應的心理結構。品牌若想在議題場域中扮演積極角色，應先建立「議題感知力」與「社會共感力」，而不是單靠一次發聲、一場行銷。

最成功的公共關係策略，不是追風，而是成為風的方向。當品牌能持續提供具有社會意義的觀點、參與建設性的討論，就不再只是風向中的乘客，而能成為影響人們如何看世界的一部分。

第五節　社會認同理論與品牌忠誠

■ 我們不是忠於品牌,而是忠於那個群體身分

人為什麼會忠誠於一個品牌?是因為品質、價格、設計,還是單純的使用習慣?心理學家泰菲爾(Henri Tajfel)提出的「社會認同理論」(Social Identity Theory)提供了另一個答案:人之所以忠誠,不是因為產品本身,而是因為這個品牌讓我們感覺「我屬於這個群體」。

社會認同理論指出,個體會將自己歸屬於某些群體中,並以這些群體的價值觀來塑造自我身分。在這個過程中,「我們」與「他們」的區隔逐漸形成,對內產生歸屬與連結,對外產生區辨與競爭。當一個品牌成功創造出某種身分象徵,它就不只是商品,而是社會認同的載體。

■ 品牌不是商品,而是集體身分的象徵

許多品牌早已超越功能層次,進入了象徵層次。Nike 不只是運動用品,而是「我努力突破自己」的象徵;星巴克不只是咖啡,而是「我認同這樣的生活方式」;無印良品代表的是一種簡約與自然的價值觀。這些品牌的忠誠度來自於「你代表了我想成為的人」這個心理投射。

第五節　社會認同理論與品牌忠誠

　　這種象徵功能，讓品牌成為一種社會符碼。當消費者選擇某個品牌，他其實是在說：「我是這種人」或「我想成為這種人」。品牌的價值，不再是商品的加總，而是整體形象是否與消費者的身分認同相契合。這也是為什麼品牌公關策略不能只著眼於功能訴求，而要深耕於文化與群體語言之中。

■ 群體歸屬感強化忠誠行為

　　當品牌讓人有強烈的「我們是一國的」感覺時，忠誠便不再只是重複消費行為，而是一種情感承諾。這種承諾表現在三個層面：第一，持續使用產品，即便有更便宜選擇也不輕易更換；第二，主動捍衛品牌，甚至在社群中為其發聲；第三，參與品牌活動，強化與其他使用者的情感連結。

　　這些行為在心理學上被稱為「內群體偏好效應」（In-group Favoritism），指的是我們會偏好並強化與自己所屬群體一致的行為與價值觀。換句話說，品牌一旦讓使用者有了「我就是這個群體的人」的感覺，忠誠就不是靠行銷促銷養出來的，而是自然生成的心理歸屬反應。

■ 從顧客轉化為成員，是品牌忠誠的轉捩點

　　品牌經營者常問：「如何讓顧客更忠誠？」但關鍵問題應該是：「你有讓他覺得他是你的一員嗎？」真正強大的品牌不只是

培養客戶,而是建立成員意識。當顧客不再只是買東西,而是參與、貢獻、互動時,品牌就不只是賣方,而是社群的主體。

這樣的轉化可以透過設計社群機制、命名用戶身分、舉辦實體聚會、邀請參與內容共創等方式來實現。像 LINE Friends 打造全球粉絲社群,讓用戶不只是買公仔,而是認同一種文化情感;或是像 Patagonia 公開環保立場,邀請消費者一起成為「地球守護者」,進一步凝聚品牌價值共同體。

■ 社會認同是品牌忠誠的心理基礎建設

忠誠不是來自重複,而來自認同。人們對品牌的忠誠,其實是對自我身分的強化與維護。當一個品牌能持續提供一種「我是誰」的心理歸屬,它就不再只是選項,而成為無法被替代的心理位置。

公共關係若能理解這點,就能超越短期互動,真正建立一種可持續的群體認同。當品牌成為人們日常語言與自我敘事的一部分,那份忠誠,將不只是購買行為,而是一種深刻的社會心理連結。

第六節　團體偏差與決策盲點：為什麼大家一起反而更不理性？

集體智慧的迷思與現實落差

我們常說「三個臭皮匠勝過一個諸葛亮」，但心理學研究卻不斷提醒我們：群體不見得總是更聰明，有時甚至會放大盲點與錯誤。所謂「團體迷思」（Groupthink），指的是在追求一致與和諧的壓力下，群體成員往往會壓抑不同意見，導致決策品質反而下滑。

這種現象在歷史上不乏重大案例。心理學家歐文‧賈尼斯（Irving Janis）曾分析美國政府在 1961 年支持古巴豬玀灣事件的決策，發現內部官員明知風險極高，仍未反對，原因是他們不願破壞團隊氛圍。這種「集體自信過度」與「假性一致感」，是團體思考最危險的陷阱之一。

群體中的責任分散與風險偏好

一旦進入群體環境，個人對於決策的責任感會下降，這是「責任分散效應」（Diffusion of Responsibility）。心理學家戴利與拉丹（Darley & Latané）發現，人們在群體中更不願意主動採取行動，因為大家都認為「應該有人會處理」。

這也導致群體在面對風險決策時，往往更偏向激進。這種

現象稱為「風險移位效應」(Risky Shift Effect)，意指群體的整體決策，會比單一個體更冒進或更極端。原因在於，每個人都希望在群體中展現積極意見或勇敢形象，結果反而讓整體判斷失去平衡。

■ 為什麼群體討論反而會固化偏見？

在理想狀態下，群體討論應該有助於修正偏差、平衡觀點，但現實中，群體很容易進入「同溫層效應」(Echo Chamber)，即成員之間持有相近立場，反而彼此加強，讓原本的偏見更根深蒂固。

心理學家卡斯‧桑斯坦 (Cass Sunstein) 指出，群體會產生「極化現象」(Group Polarization)，即一群本來態度溫和的人，經過群體互動後，反而變得更加極端。這種現象在社群媒體上尤為明顯，人們在演算法推送下，只接觸與自己立場一致的聲音，導致對異見越來越排斥。

■ 品牌決策中的團體盲點

在公共關係與品牌操作中，團體偏差最常見的狀況是「內部過度自信」。品牌團隊容易因為內部價值一致、對外批評不敏感，而忽略潛在風險。例如在產品定位、議題選邊、社群活動規劃時，若內部缺乏異議機制，便容易出現對市場反應的錯估。

第六節　團體偏差與決策盲點：為什麼大家一起反而更不理性？

這也是為什麼許多看似荒謬的公關災難，事後看來明顯問題重重，但在當時卻能通過一層層決策會議。這不是因為沒人懂，而是因為大家都「以為別人會提醒」或「不想當那個潑冷水的人」。

■ 打破團體盲點的策略建議

若品牌想避免陷入團體偏差，首先需建立「異議安全機制」，讓每個人都能安心表達不同觀點。其次，可透過「決策前預演錯誤」的方式，讓團隊模擬失敗場景，從中辨識盲點。這類技術稱為「事前驗屍」（Premortem Analysis），可有效提升決策品質。

同時，引入「外部聲音」也是重要策略。包括使用者回饋、專家審查、交叉部門評估，都能在早期發現偏差與漏洞。最後，在團隊文化中灌輸「質疑是對品牌最深的忠誠」，才能真正讓集體決策變得理性而敏銳。

■ 團體不是更安全，而是更需要警覺

總結而言，群體不是理性保證，而是一種高風險的心理場域。當每個人都以為「我們都想得差不多」，往往正是出錯的起點。公共關係操作若能洞察團體心理偏差的形成邏輯，就能提前設計出更健全的溝通與評估機制，讓品牌在集體決策中走得穩健，而不是在一致中迷失。

第四章　從人群心理看「群體怎麼想」這件事

第七節　如何在群體心理中創造領導地位？

■ 領導不是地位，而是一種心理位置

在群體裡被看作是「領袖」，往往不是因為職稱或年資，而是因為你在心理上擁有他人的注意力與認可。心理學家哈羅德‧凱利（Harold Kelley）與約翰‧蒂柏（John Thibaut）所提出的社會交換理論中指出，人們會根據互動的獲益評估誰值得跟隨，誰值得相信。換句話說，領導力首先是一種「被信任的心理角色」，而非權力的象徵。

在群體互動中，有人會自然成為「大家想聽他說話」的人，那是因為他能說出眾人的關切、提供方向、或穩定情緒。這種心理引力的來源，往往來自三個因素：可信度（credibility）、親和力（affinity）與方向感（sense of direction）。要成為群體中的心理領導者，這三點缺一不可。

■ 可信度的建構來自一致與專業

群體成員會觀察一個人是否言行一致、是否真誠負責。這種可預測性讓人願意追隨。根據心理學家席爾迪尼的影響力理論，「承諾一致原則」是取得信任的重要基礎。當你說到做到、穩定輸出觀點，久而久之，群體就會自動將你視為參照對象。

此外，專業感也是可信度的一環。這並非學歷或權威，而

第七節　如何在群體心理中創造領導地位？

是能不能在關鍵時刻提供有價值的見解。例如品牌若希望成為某議題領域的意見領袖，就必須持續發表具洞見的觀點、數據與案例，讓受眾知道「這個帳號講的話我會信」。

■ 親和力讓你成為「我們人」而非「上面的人」

在群體中，真正能建立領導地位的人，往往不是最有權威的人，而是最讓人有「距離感低」的人。心理學家大衛·麥克利蘭（David McClelland）指出，人類的基本動機之一就是「連結需求」，也就是想與人建立關係。因此，領導者的親和力不只讓人舒服，更讓人願意靠近。

品牌在塑造領導形象時，若過於高高在上、用語艱澀或只講自己優點，反而容易失去群體連結感。反之，願意分享失敗經驗、用生活化語言與受眾互動，反而能創造「原來你也是自己人」的心理連結。

■ 方向感是焦慮時刻中最可貴的資源

群體最需要領導的時候，往往是在混亂與不確定中。這時候，能提出清晰觀點、指出行動方向的人，會自然獲得注意力與跟隨。心理學家米哈伊·契克森米哈伊（Mihaly Csikszentmihalyi）在研究「心流狀態」時指出，明確目標是進入深度投入的前提。領導者若能提供這種明確性，就能讓群體心理進入協同狀態。

第四章 從人群心理看「群體怎麼想」這件事

品牌在面對危機、社會議題或市場變動時,若能率先發聲、提出具體立場或協助方式,往往能在情緒混亂中脫穎而出。這種「成為方向的人」,會讓群體在心理上自然聚焦,進而形成更深的信任與黏著。

■ 領導力的心理工程:從觀察者變成參照點

在群體心理中創造領導地位,不是靠發號施令,而是靠持續輸出價值、維持人際溫度與提供行動方向。當一個人或品牌能讓人願意「在心裡先想到你」,那麼你就已經是心理上的領導者了。

公共關係的高階境界,不是把人吸引過來,而是讓人願意靠近你、認同你、並把你當作自己內心世界的參照點。這樣的領導者,不是權力所賦予,而是關係中自然長出的信任位置。

第五章
說服的心理學：
讓對方點頭不是靠運氣

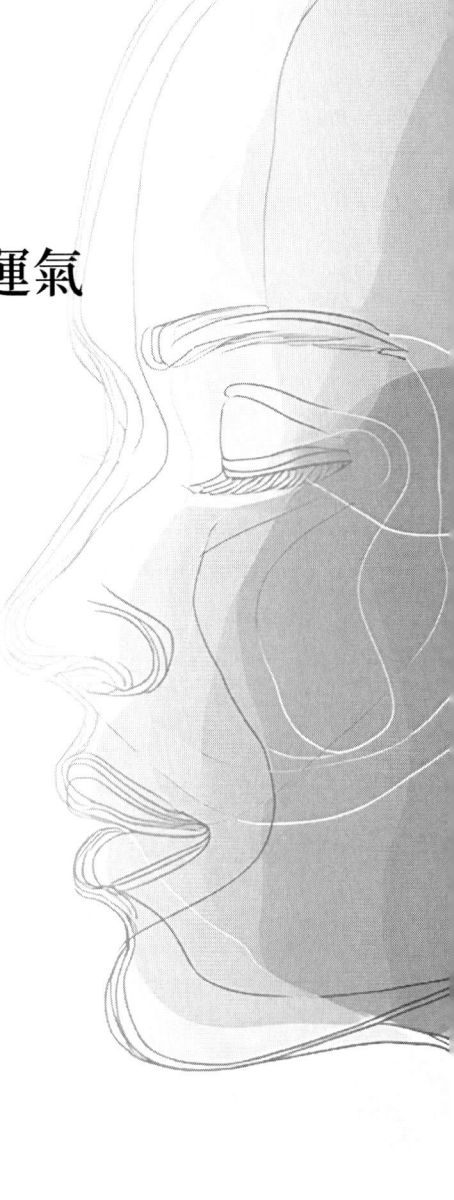

第五章　說服的心理學：讓對方點頭不是靠運氣

第一節　讓人改變想法的六個心理槓桿

說服是心理的藝術，不只是溝通技巧

多數人以為說服是一種技巧：話術、話風、表達力。但心理學早已指出，有效的說服並不是「讓對方聽見你說什麼」，而是「讓對方願意接受他原本沒打算相信的東西」。說服的本質，是打開對方心防、降低抗拒、增加認同，這正是心理槓桿的作用所在。

心理學家羅伯特・席爾迪尼（Robert Cialdini）提出說服的六大原則，也可視為六個撬動人心的心理槓桿：互惠、承諾與一致、社會認同、喜好、權威與稀缺。這些原則不是操控，而是對人性真實運作的理解。當我們知道人類的決策是怎麼產生的，就能更精準地設計溝通策略，讓對方不只是聽懂，而是點頭。

互惠：你對我好，我會想回應你

互惠原則是人際互動中最根本的一種潛規則。從送樣品、請喝咖啡，到免費試用，其實都不是單純「送」，而是創造一種心理壓力：既然你先對我好，我不該白白接受。

席爾迪尼曾實驗發現，在一家餐廳裡為顧客送上一顆薄荷糖，小費平均會增加 3%；若送上兩顆，小費增加幅度更高；而

如果先給一顆、走幾步後回頭又給一顆,小費增加幅度達到近20%。這些回饋都來自一種「我該回報」的潛意識行為。品牌若能設計出讓人感受到善意與價值的互惠行為,就能有效提升好感度與忠誠度。

承諾與一致:人們想成為自己說過的樣子

人一旦在公眾或自己心中承諾了某種立場,就會傾向持續維持那個形象。這就是「承諾一致原則」。例如:在募款活動中,若先讓人簽署「我支持某議題」,後續再請求捐款,成功率會大幅提高。

這原則也可應用在品牌經營。例如:讓顧客在社群上標記品牌、參與投票活動、或公開分享使用心得,都是一種心理承諾。當一個人公開表達支持,就會傾向持續支持,否則就會產生「認知失調」。這種由內而外的認同,比任何折扣都來得長效。

社會認同:別人都這樣做,我應該也可以

當人不確定要怎麼決定時,最常做的是「看別人怎麼選」。這就是社會認同原則。從熱門排行榜、評論星等、打卡數據,到社群影片觀看次數,這些都不是資訊,而是心理信號,告訴我們「這是主流選項」。

第五章　說服的心理學：讓對方點頭不是靠運氣

公共關係操作中，如果能善用這點來「視覺化群體行為」，就能快速降低潛在消費者的決策障礙。例如：「99%的使用者推薦」、「五萬人已經加入」、「這是一個大家都在談的議題」。但重點是要真實，不然一旦被識破灌水、造假，反而會產生信任崩解的反效果。

■ 喜好：我們比較容易聽進喜歡的人說的話

人不是理性機器，而是情感動物。喜歡，讓人打開耳朵。研究發現，我們會被與自己相似的人、長得好看的人、常出現的人更容易說服。這也是為什麼代言人選擇、社群語氣設計與品牌形象都影響說服效果。

品牌若想說服顧客，不能只做資訊傳遞，更要營造「我喜歡這個品牌」的感覺。這種喜好可以從語言風格、視覺辨識、回應方式等細節中建立。當人們感覺你「懂我」、「像我」，就更容易相信你說的話。

■ 權威：權威感讓人降低質疑

當人面對專業人士、官方機構或某種認證時，會傾向放下懷疑、提高接受度。這種心理現象稱為「權威順從」（Obedience to Authority），是說服中常見的捷徑之一。

品牌可透過與權威單位合作、引用研究數據、強調經驗與

實績來建立信賴。例如：「醫師推薦」、「榮獲設計大獎」、「由專家審核通過」。但這類說服方式也有風險：一旦權威失誤或被挑戰，整體信任會崩塌，因此更需要審慎選擇與管理。

▋ 稀缺：越少，越珍貴

稀缺原則來自人類對「失去機會」的恐懼。當我們知道某東西「快沒了」、「最後限量」、「只剩兩小時」，就會產生一種「不搶會後悔」的焦慮感。這不是理性，而是來自心理學上的「損失規避傾向」（Loss Aversion）。

這也是為何限量促銷、倒數時鐘、稀有標章都成為有效的推動工具。品牌若能善用「時間」、「名額」、「數量」三種稀缺資源的心理暗示，就能有效提高行動轉換率。

▋ 說服的核心是理解人性，而非操縱人心

說服不是要戰勝對方，而是要與對方建立一條心理通道。當你理解人為什麼會點頭、為什麼會抗拒，就能更溫和、更有效地調整訊息設計與溝通策略。

在公共關係領域，說服從來不是口才好就夠，而是心理感知與倫理拿捏的綜合功力。真正的說服，是讓人甘願改變，而不是勉強接受。

第二節　權威、喜好、稀缺：潛意識的操控力

▍潛意識裡的選擇，其實早已被引導

人們總以為自己是有意識地做出選擇，但實際上，許多決定早在潛意識中就被塑造好了。權威、喜好與稀缺，這三個心理槓桿正是潛意識最常作用的場域，它們不需說服，不需討論，只需營造感覺，就能讓人不知不覺地走進決策軌道。

羅伯特‧席爾迪尼（Robert Cialdini）在其經典著作《影響力》中指出，人們會自動化地回應某些線索，例如「他是專家」、「我喜歡這個人」、「這東西很難得」，這些線索激發的是快速系統（System 1）思考，不經深思熟慮，就已下決定。品牌若能理解這種心理機制，就能在說服前，先占據潛意識的主導權。

▍權威：制服、頭銜與專業語言的心理捷徑

當我們面對自稱是醫師、律師、教授或某機構代表的人，我們的心理防衛會自動降低。這是一種文化學習下的心理反射：我們被教育要尊重知識與專業，因此當一個品牌或代言人展現權威性時，我們就比較容易接受他說的話。

實驗心理學中經常提及「米爾格倫電擊實驗」，說明人在權威面前會多麼容易放棄自己的道德判斷。儘管那是極端案例，

第二節　權威、喜好、稀缺：潛意識的操控力

但在消費場景中，這種現象同樣存在。例如「醫師推薦使用的牙刷」、「政府認證的檢測標章」、「專家背書的配方」，都會讓消費者在不知不覺中認為：「既然他們說好，那應該是對的。」

但這也是一把雙面刃。當權威形象出現爭議，整體信任就會崩盤。因此品牌在借力權威時，必須謹慎挑選並長期維護，否則一旦破口，反效果會遠比一般失誤來得強烈。

喜好：熟悉、相似與吸引力的心理武器

在心理學中，我們更容易接受「看起來像我們的人」或「跟我們價值觀一致的人」所傳遞的資訊。這種效應稱為「喜好偏誤」（liking bias），包括長相吸引力（attractiveness）、背景相似（similarity）與接觸頻率（mere exposure）。這也說明了為何品牌喜歡找名人代言，或在社群使用與消費者語言一致的口吻。

當我們喜歡一個代言人，就會把對他的好感轉嫁到品牌上，這在心理學中稱為「情緒轉移效應」。而社群行銷中之所以強調「人設」，也是為了創造一種親近感與信任感。這種感覺一旦建立，就算沒有強力的產品說明，也會讓人「先相信再了解」。

稀缺：時間壓力與損失焦慮的共鳴點

損失規避（loss aversion）是潛意識中非常強烈的心理傾向。人對於「錯失」的痛苦，遠大於「獲得」的快樂。因此，只要

第五章　說服的心理學：讓對方點頭不是靠運氣

讓人感覺某件事「快沒了」、「不是每個人都有」、「這是限時限量」，就能激發立即行動的動機。

行銷中大量運用這類手法：限量販售、倒數計時、僅此一檔、VIP 預購。這些不是理性分析的結果，而是潛意識面對稀缺性所做的反射性回應。心理學家阿摩司・特沃斯基（Amos Tversky）與丹尼爾・康納曼（Daniel Kahneman）指出，人們在面對風險與不確定時，會選擇「避免損失」的選項，而非追求最大利益。

品牌若能結合稀缺性與正向價值，如「限量的不只是數量，也是我們對你的尊重」等語言，便能使潛意識反應與情感層次產生共鳴，進而加速決策。

■ 操控與引導的倫理界線

雖然上述這些心理機制非常有效，但在實務上仍需謹守倫理底線。所謂說服與操控的差別，正是「是否讓對方有自由選擇的空間」。當權威成為恐嚇，喜好成為包裝，稀缺變成假象，就會從引導變成欺瞞。

在公共關係操作中，這條界線尤其關鍵。因為品牌傳遞的不只是商品資訊，更是在建立與人的關係。如果潛意識被過度利用、失去真誠，那麼即使短期有效，也將在信任崩解時全面反噬。

真正高明的心理槓桿運用,是讓潛意識成為通往理解與信任的通道,而不是讓人事後感到後悔與懷疑。

第三節　心理抗拒與「反效果」的陷阱

▋說得越多,為什麼越不聽?

「我只是想幫他了解,怎麼最後變成吵架?」這句話是許多公關人、行銷人甚至朋友、伴侶的共同疑問。說服有時不是推得不夠多,而是推得太用力。心理學指出,人們在面對過度說服時,會出現一種叫「心理抗拒」(Psychological Reactance)的防衛反應,導致原本可能接受的訊息,反而變得更加抗拒。

這種反效果(boomerang effect)讓說服行為失去本意。就像有人因為被過度告誡戒菸,反而抽得更兇;或消費者被強行推銷保健食品後,對整個品牌都失去信任。心理抗拒不是來自於訊息內容,而是「訊息方式」侵犯了對方的選擇自由。

▋自主權威的心理防衛系統

心理抗拒的核心是「自主權威感」(autonomy)。人們不見得反對你的觀點,但會反對你想「改變我」的企圖。心理學家傑克·布瑞姆(Jack Brehm)提出:當人感覺到自由受到威脅時,

第五章　說服的心理學：讓對方點頭不是靠運氣

就會本能地強化原本的立場，藉以維護自我主體性。

這在公共溝通中特別容易發生。例如衛教宣導若用威脅語言：「你不戒菸就會死得早」，就算資料真實，也可能引發反感；反之，若強調選擇的尊重：「許多人在面對健康挑戰時選擇戒菸，找回自己主導人生的感覺」，則較容易降低防衛，產生共鳴。

品牌說服的第一步，應該是讓對方「覺得自己做選擇」，而不是「被你逼著改變」。這樣才能避免「你說得越多，我越不想聽」的心理反彈。

■ 攻擊性說服與防禦性心牆

在社群時代，過度包裝、頻繁曝光、過分斷言的內容，很容易被視為「洗腦」或「情緒勒索」。這時，大眾心理自動升起一面防禦心牆，不是針對內容，而是對傳遞方式產生排斥。

心理學中稱這為「來源不信任效應」（source derogation），即使訊息正確，也因傳遞者被認為「有立場」、「有目的」而被打折。這提醒我們：說服不是用力灌輸，而是設計出讓人願意靠近的語境。

例如「你一定要試試這個」這句話，會引發抗拒；而「很多人最近都在用這個，也許你會喜歡」則給予選擇空間。溝通的溫度與節奏，決定了是否能穿透對方的心牆。

第三節 心理抗拒與「反效果」的陷阱

■ 如何避免踩進「反效果」陷阱？

第一，說服前要先營造心理空間。給對方「選擇」的感覺，而非「服從」的壓力。

第二，避免使用威脅語言或誇大後果，轉而使用故事、案例或同理語氣引導對話。例如：「一位媽媽說，她原本也很擔心打疫苗，但後來……」比「不打疫苗你就會害人」更具說服力。

第三，掌握訊息量與曝光頻率的界線。過度轟炸可能會讓原本溫和的接受者轉為冷漠，甚至反擊。給對方足夠消化空間，有時比立刻達成改變更有效。

最後，誠實面對對方的情緒，不輕易否定。當你能理解「抗拒本身就是一種保護機制」，就能從尊重開始設計出更柔軟但有效的溝通方式。

■ 懂得退一步，才能讓人願意靠近

說服不是把對方推向某個方向，而是讓他願意自己走過來。而這條路，需要留白、節制與理解心理抗拒的本質。

公共關係操作的關鍵不在於說得多麼正確，而在於有沒有讓對方保有尊嚴與選擇的空間。當我們懂得適時放下控制欲，反而會讓訊息更深入、更長久地存在於人的心中。

第五章 說服的心理學:讓對方點頭不是靠運氣

第四節 「故事」為什麼比「數據」更能說服人?

■ 數字讓人理解,故事才讓人相信

在公共關係的世界裡,很多人認為只要數據齊全、邏輯嚴謹,對方就會被說服。但心理學與神經科學的研究早就揭露:人們真正被打動的不是報表上的數字,而是能引起情感共鳴的故事。數據提供事實,故事則創造意義;前者說服大腦,後者打動人心。

心理學家珍妮佛·艾克(Jennifer Aaker)曾在史丹佛大學實驗發現,受試者聽完一段推銷簡報後,僅有5%的人記得裡面的數據內容,卻有63%記得故事內容。故事的敘事性、人物感與情節張力,使其更容易在潛意識中留下記憶痕跡,這正是說服力的基礎之一。

■ 情節與人物:我們為誰心動,就為誰相信

人腦不是為了處理資訊而設計,而是為了理解情境與人物。神經心理學指出,當我們聽故事時,大腦中不只語言區在運作,連帶記憶區、情緒區與想像區也會被活化。這使得故事不只是資訊輸入,而是一次全腦參與的心理體驗。

比起「60%的病患在治療後改善」,若改說「阿明原本每天

第四節 「故事」為什麼比「數據」更能說服人？

咳嗽到無法上班,經過這療程後,他終於可以安心陪孩子吃晚餐」,我們更容易產生情感連結。因為前者是概念,後者是畫面。品牌若想讓人「記住你」,就不能只說你做了什麼,而要讓人看見一個改變過程中的人。

故事架構是心理接受的預設路徑

所有文化都有故事,所有人都愛聽故事。這不是巧合,而是人類心智運作的預設架構。故事具有起承轉合,與我們的情緒起伏節奏相合;有角色、有衝突、有解決,與我們的現實經驗相似;這讓故事比任何統計更容易產生「可信的感覺」。

心理學家傑羅姆・布魯納(Jerome Bruner)指出,我們接收資訊有兩種方式:邏輯模式與敘事模式。前者分析世界,後者理解人。說服若只靠邏輯,會失去溫度;而加入敘事,則能讓觀點轉為個人化經驗,更容易打動人心與促進記憶。

故事不是捏造,是意義的翻譯

很多品牌擔心「講故事會不會不夠科學?」,但其實故事的重點不在於虛構,而在於能否把抽象概念翻譯成有感經驗。例如公益團體若只說「我們幫助了三萬個家庭」,不如補上:「林太太說,收到物資的那天,她第一次相信這城市還有人記得她。」

故事讓數據變得有體溫、有眼神、有聲音。品牌不是要變

第五章　說服的心理學：讓對方點頭不是靠運氣

成小說家，而是要從真實中擷取情節，用說故事的方式讓受眾「活在其中」，這就是說服的進階層次：讓對方先感受，再理解，最後才採取行動。

■ 敘事力是現代品牌的基本素養

在資訊爆炸的時代，只有被感覺到的訊息才會被記住。故事，正是品牌在雜訊中突圍的心理聲音。品牌若想創造長久連結，不能只靠「我們多厲害」，而要說「你和我們一起，會變成怎樣的人」。

公共關係不只是資訊管理，更是情感引導。當我們願意用故事說話，就不是在說服對方，而是在邀請他們共感與共鳴。這時候，說服就不是說服，而是讓人自己選擇走進來。

第五節　說服不是說服，是建立共同信念

■ 說服真正的力量來自「我們相信一樣的東西」

許多人以為說服是「讓別人改變主意」，但從心理學觀點來看，說服真正有效的關鍵不在於轉變對方的立場，而是在對話中找到彼此已有的共鳴點。換句話說，說服的最佳路徑不是對抗，而是建立一個共同信念的場域。

第五節　說服不是說服，是建立共同信念

心理學家莫頓‧道奇（Morton Deutsch）與哈羅德‧傑拉德（Harold Gerard）提出「規範性社會影響」理論，指出個體會因為希望被群體接受，而傾向採納與群體一致的信念。這說明了一件事：說服若能讓對方感受到「這是我們都相信的價值」，成功的機率將大幅提升。

■ 認同先於改變，歸屬感先於立場差異

當你試圖說服一個人接受新的觀點時，若從一開始就站在對立面，對方的心理防禦會瞬間升高。相反地，若一開始就先建立情感連結與價值認同，後續的溝通才可能打開缺口。

這在品牌溝通上尤其重要。例如在推動永續概念時，與其強調「你現在的行為是錯的」，不如說：「我們都希望下一代有更好的環境。」從這個共識出發，再談改變，就不會讓人感覺自己被攻擊或批判。心理學稱這種策略為「共同價值導向」（shared values approach），是最溫和卻也最長久的說服模式。

■ 建立「我們」感比改變「你」更關鍵

心理學研究指出，人們更容易相信來自「我們這一群人」的觀點。社會認同理論（social identity theory）認為，當某個觀點或行為與我們的群體身分一致時，我們更容易接納它。因此，與其想說服「你」接受我的看法，不如試著營造「我們都這樣想」的氛圍。

第五章　說服的心理學：讓對方點頭不是靠運氣

公共關係實務中,「我們」的語言具有強大力量。例如:「我們一起支持本地農夫」、「我們都想讓社會更溫暖」,這種話語讓訊息不再是單向說服,而是邀請對方一同參與、共同建立。

■ 信念框架比單一訊息更能留下痕跡

人們不太容易記住一句口號,但會記得某個品牌的價值觀。這是因為人腦偏好「信念架構」(belief system),而非單點資訊。有效的說服,不是一次性的言詞說動,而是透過長期一致的表現與語言,讓人漸漸將某種觀點內化成「我們的共同信念」。

例如蘋果公司多年來都在傳遞「Think Different」的價值,不只是推銷產品,而是形塑一種信仰:我們不是在買電腦,而是在選擇一種世界觀。當信念成立,說服就不必刻意發生,因為人們會自己尋找與信念相符的選擇。

■ 共建信念,是說服最溫柔也最堅韌的方式

說服不是壓服對方,而是與對方一起建立一個更有意義的認同場域。當彼此能在價值、情感或願景上找到共鳴,說服就不再是「改變你」,而是「我們一起相信」。

公共關係的核心,不是話術技巧,而是共感能力。當你能以真誠、尊重與願景與人對話,說服會變成一種合作,一種關係的建構,而非一場誰贏誰輸的心理戰。

第六節　正確框架，讓人看見你要他看到的

框架不是內容,而是決定內容被怎麼看

為什麼同樣一個訊息,有時讓人深受感動,有時卻引來排斥與抗拒?關鍵往往不在於內容,而在於「框架」(framing)。心理學家康納曼(Daniel Kahneman)與特沃斯基(Amos Tversky)早在 1979 年提出「框架效應」理論,指出人類的決策行為會因為訊息呈現方式不同而產生顯著差異。

換句話說,說服的關鍵不是講什麼,而是怎麼講、用什麼方式呈現、引導對方用什麼角度去理解。公共關係工作者若能掌握「框架設計」的技巧,就能有效塑造受眾對議題的感受、解釋與反應。

情緒框架與風險感知的引導效應

舉個例子:「這個疫苗的成功率是 90%」與「這個疫苗有 10% 的失敗率」,在統計上完全相同,但前者讓人安心,後者讓人不安。這種差異就是情緒框架的力量。當訊息被包裝在正向語境中,較容易引發接受;當被包裝在負向語境,則容易喚起警戒與抗拒。

這也說明了品牌在處理負面議題時,應避免放大風險或災難,而要引導關注在「正在改善」或「可以參與解決」的面向。

第五章　說服的心理學：讓對方點頭不是靠運氣

例如：「這問題存在，但我們有方案」，比「我們被罵了、正在滅火」更容易建立信任。

■ 框架轉換讓問題變成機會

框架不只是修飾語言，更是一種「認知重新定義」。當一個品牌遭遇爭議時，若只聚焦於辯解與否認，往往陷入被動；若能轉換框架，例如從「危機」變成「反思與改革的契機」，便能引導群體心理往正面轉化。

一如語言學家喬治・萊考夫（George Lakoff）在語意框架理論中指出：「不能用對手的語言與他戰鬥，因為那等於接受了他的框架。」這提醒公共關係人：你用什麼詞，就會讓大眾從什麼角度看你。

■ 視角安排影響理解層次

另一個常見的框架設計方式是「視角轉移」。當一件事情從個人影響談到群體層面，或從短期損益談到長期意義，便能改變觀眾的認知優先順序。

舉例來說，一家飲料品牌若被質疑浪費包材，若只說明製程合格可能無濟於事；但若強調「我們是全臺第一個主動回收杯蓋材質的品牌」，觀眾就會從「環保加害者」的角度轉向「改革先行者」。這種調整不是說謊，而是策略性地引導理解層次。

框住的不是訊息，而是情緒與行動力

框架不是訊息本身，而是訊息與人的心理交會的方式。它決定了我們看到什麼、忽略什麼、相信什麼，甚至行動為了什麼。

公共關係若能運用框架設計，就能有效引導群體感受，進而提升說服效能。重點不是包裝，而是精準對話；不是隱瞞，而是理解對方怎麼看待世界，並在那個世界裡，說出對方聽得進去的語言。

第七節　危機中的說服：信任比道歉更重要

危機時刻，說什麼往往比說多少更關鍵

當品牌或組織陷入公關危機時，第一時間的回應往往決定了後續輿論的風向。多數人直覺會選擇道歉，但心理學研究告訴我們：單純的道歉若缺乏誠意與修正行動，反而可能引發更多質疑。在群眾眼中，道歉只是一種語言行為，而信任才是他們真正在尋找的心理安全感。

心理學家厄文・高夫曼（Erving Goffman）在其角色理論中指出，人在社會互動中追求「面子」（face），而危機往往是品牌喪失面子的關鍵時刻。這時候，不只要補回形象，更要修補關

係。而修補的方式,不是單靠一句「我們很抱歉」,而是讓人重新相信你會做得更好。

▎誠意的展現要靠行動框架

研究顯示,消費者更傾向原諒願意主動說明錯誤成因、提出具體補救方案並承諾改進機制的品牌。這是因為人們會透過行動來評估道歉的真誠度。口頭的「我們很遺憾」如果沒有配套行為,就會被視為「公關語言」。

因此,公共關係在危機中說服的第一步,是設計一個「可見誠意」的行動框架。例如:主動撤回有爭議的產品、成立內部審查小組、公布改善進度。這些行為不只是操作,而是讓人重新相信「你還在乎我們的感受」。

▎說服的重點不在推卸責任,而是重建信任橋梁

心理學家尼古拉斯・艾普利(Nicholas Epley)研究指出,人們對「不推卸責任、願意面對錯誤的人」更容易產生正向評價。相對地,若品牌在第一時間急著撇清、模糊焦點,會讓大眾產生「你只是在保護自己」的感受。

公共關係要能在危機中說服群眾,必須掌握三個原則:第一,坦承錯誤,不用包裝語言包住核心問題;第二,提出具體解決方案,讓群體看到方向與承諾;第三,邀請社會參與監督,表現出開放透明的態度。

第七節　危機中的說服：信任比道歉更重要

情緒處理比資訊釐清更重要

危機事件中，資訊的正確性雖然重要，但情緒的安撫往往更急迫。群眾不是只有理性判斷，更有情緒投射。他們會問：「你有沒有理解我的失望？」、「你是不是沒把我們當人看？」這些情緒問題，不能用聲明稿解決，而是要用同理心的語言與姿態來應對。

像是說：「我們理解你們的不安，這是我們該負的責任，我們願意為此承擔並調整。」這樣的語言不會讓問題立刻消失，但會讓關係中出現一條修復的線索。信任的重建從來不是理性的說服，而是情緒的重新連結。

危機是信任資產的測試場

危機中的說服不是單一技巧，而是一場心理修復工程。品牌若能在最困難的時刻展現出誠意與透明，就會讓人記得「你沒逃避」。而這種信任，比任何一句道歉都更能在風暴過後留下價值。

公共關係的終極目標不是撲火，而是建立一個即使出事，群眾仍願意相信你的信任體系。在這個體系中，道歉只是起點，真正說服人心的，是你願不願意在風口浪尖中，說出「我願意負責」並真的這麼做。

第五章　說服的心理學：讓對方點頭不是靠運氣

第六章
情緒是關鍵：
人心反應比邏輯快一步

第六章　情緒是關鍵：人心反應比邏輯快一步

第一節　感受先於理性：情緒在溝通中的地位

■ 理性滯後，情緒先行

我們總以為自己是理性的動物，做決策前會先分析、比較、衡量，但實際上，心理學早已揭示：人類的情緒反應總是比理性判斷快一步。當我們看到一則新聞、聽到一段話、遇到某個場景，大腦的杏仁核會先啟動情緒反應，之後理智腦才跟上。也就是說，我們總是在「感覺之後」才「理解」。

神經科學家安東尼奧・達馬西奧（Antonio Damasio）曾透過臨床研究指出，沒有情緒參與的人無法做出決策。他研究一位腦傷患者，在理性邏輯毫無損害的情況下，因失去情緒感知能力，竟連日常簡單選擇都難以完成。這告訴我們：情緒不只是反應，更是思考的一部分。

■ 感受溝通比資訊溝通更有效

在公共關係的實務現場，太多品牌或組織仍習慣用「理性內容」說服人：數據、優勢、分析、邏輯，卻忽略了「情緒語言」才是讓人打開心門的鑰匙。你說你有多好，不如讓人感受到「你懂我」。你說你的功能多強，不如讓人覺得「你在乎我」。

心理學家麥克萊恩（Paul MacLean）提出「三位一體腦理論」

第一節　感受先於理性：情緒在溝通中的地位

(Triune Brain Theory)，指出大腦由爬蟲腦、邊緣系統與新皮質構成，其中邊緣系統掌管情緒與社會連結，是影響行為決策的關鍵區域。品牌若想影響選擇，就得先觸動這層結構。

■ 情緒是品牌關係的主線

人們不會記得你說了什麼，但會記得你帶來什麼感覺。這是公關與行銷中的核心法則。從品牌聲明、產品文案，到危機回應、活動設計，每一個溝通接點都是「情緒釋放點」。你讓人安心、被理解、或覺得被尊重，遠比你說得有多專業重要。

這也是為什麼許多品牌會刻意在人設上強化情緒元素，例如「暖」、「陪伴」、「挺你」、「不放棄你」。這不是文案口號，而是一種心理策略。因為當受眾的感覺被肯認，就會願意靠近、傾聽與分享。

■ 情緒在危機中決定品牌生死

尤其在危機時刻，情緒的掌握更是生死關鍵。一則冷冰冰的官方聲明，可能瞬間摧毀多年來建立的形象；一段真誠而有溫度的影片，卻能逆轉輿論風向。這不是技巧，是對人性的體察。

當群眾感到恐懼、憤怒、不被尊重，情緒將蓋過一切事實。此時若品牌還在講條文與規範，只會加速信任斷裂。反之，若能優先處理情緒、先安撫再說理，就能創造一個「願意聽下去」的空間。這就是情緒溝通的力量。

第六章　情緒是關鍵：人心反應比邏輯快一步

■ 情緒力是未來公關的關鍵競爭力

情緒從來不是溝通的附屬品，而是溝通的入口。當品牌與組織願意承認人不是只有理性，也會情緒起伏，才有可能真正與群眾建立長久連結。

未來的公共關係專業者，若無法駕馭情緒，將無法掌握人心。真正的說服，不是讓人聽懂，而是讓人感受到。當你能夠觸及人心的感受，那才是影響開始的地方。

第二節　同理心：有效傳遞善意的祕密武器

■ 同理不是同情，是理解的開始

在公共關係與溝通的世界裡，最強大的工具不是說服技巧，而是同理心。心理學家卡爾・羅傑斯（Carl Rogers）曾指出：「當人真正感受到被理解，那是改變的起點。」同理心不是單純的認同或憐憫，而是一種「我知道你正在經歷什麼」的理解態度。這種理解，能迅速打開人與人之間的心理通道，讓溝通不再是單向推送，而是雙向交流。

品牌若希望建立長久信任，第一步不是展示優勢，而是展現你理解使用者的處境與感受。從客服回應到社群經營，當品

牌的語言不再只是「我們提供什麼」，而是「我們知道你可能遇到什麼」，那份距離就會縮短，信任也會開始累積。

同理心是影響力的社會黏著劑

根據神經科學研究，人腦在觀察他人經驗時會啟動「鏡像神經元系統」（mirror neurons），使我們能夠「感覺他人正在感覺的情緒」。這是同理心的生物基礎。當你描述一個真實情境，並誠實分享感受，對方大腦會自動進行模擬，產生共感反應。

這也說明了為什麼一則短影片能讓人落淚，一封信能讓人動容。不是因為內容完美，而是因為那份真實的情緒觸動了我們的同理系統。在品牌溝通中，如果能讓對方產生這樣的情感同步，就不需太多說服，信任自然發生。

從語言設計開始展現理解

同理心不是情緒泛濫，而是一種語言設計。說「我們了解您的困擾」比「我們已收到您的反映」更能傳達關心；說「這件事讓您感到不安，我們很在乎」比「我們將依規定處理」更有溫度。這不是技巧的高低，而是心態的不同。

品牌若希望展現同理心，不妨從語言開始修正。使用第二人稱「你」來關注對方的感受；主動提及對方的處境而非僅聚焦

自身立場。每一句話、每一個回應,都可能是一個建立或破壞關係的轉捩點。

■ 危機處理的同理心優先原則

在公關危機處理中,同理心更是第一順位。群眾在情緒高漲時,不會仔細閱讀邏輯與法條,他們只會在意你有沒有理解他們的憤怒與委屈。這時候,最需要的是「情緒接住」而非「立場防守」。

說「我們知道你為何生氣」遠比「根據我們的規則……」有效。這不代表認錯,而是承認感受。當群體的情緒被承認與接住,後續的溝通才有空間。否則,一切理性說明都只會變成煙火,無法落地。

■ 同理讓品牌成為情感角色

同理心不只是道德美德,而是一種溝通策略,是品牌人格的一部分。當受眾感覺到品牌不是在說教,而是在陪伴,就會將其視為情感世界中的一個可信角色。

未來的公共關係不是話術比拚,而是情緒場域的經營。而同理心,就是讓人走進這個場域的鑰匙。品牌若能掌握這項心理密碼,就能在人海中脫穎而出,成為被信賴、被喜愛、也被留下的存在。

第三節　情緒感染效應與大眾心理波動

一個人不安，一群人就會恐慌？

情緒是具有傳染性的，尤其在人與人高度連結的社會中，一個人情緒的轉變很容易在群體中產生擴散效應。心理學家伊蓮·哈特菲爾德（Elaine Hatfield）在研究中提出「情緒感染效應」（emotional contagion），指出我們的大腦會自動模仿他人的面部表情、語調與肢體語言，進而產生相應的情緒狀態。

這在社群時代的公共關係尤為關鍵。一則情緒高漲的留言、一段充滿怒氣的影片或一張震撼的照片，都可能成為情緒爆發的引信。品牌若忽略了這種情緒的擴散性，很容易在短時間內陷入群體焦慮或憤怒的漩渦中。

社群媒體放大情緒波動的機制

現代資訊流通的速度超過以往任何時代，社群媒體不僅傳播資訊，也放大了情緒。演算法偏好高互動內容，而人們最常互動的，往往是引發情緒反應的內容。這使得憤怒、焦慮、興奮、悲傷等情緒比理性內容更容易被擴散。

一項針對 Twitter（現 X）的大規模分析指出，語氣情緒強烈的貼文比中性貼文的擴散速度快 70% 以上。這讓品牌與公關人

第六章　情緒是關鍵：人心反應比邏輯快一步

在面對群體反應時，必須意識到：你處理的，不只是單一評論，而是情緒雪球。

■ 情緒擴散的三種典型樣態

第一種是「恐慌連鎖」，例如產品出現疑慮時，一人說「這好像有問題」，就會出現第二人、第三人跟進，產生群體焦慮。

第二種是「憤怒共鳴」，尤其在社會議題上，若品牌立場模糊或回應失當，很容易激起「我們都被冒犯」的群體情緒，轉為抵制或杯葛。

第三種是「過度正向效應」，在少數情況下，正向情緒也會迅速擴散，如公益活動、品牌挺醫護等事件。但需注意的是，這類情緒雖具激勵力，維持時間卻短暫。

■ 公共關係要做的是「情緒調頻器」

品牌在情緒感染發生時，首要任務不是立即說明，而是觀察情緒走向與強度。理解目前群體是在恐慌、悲傷、憤怒還是失落，才能對應正確的語言與節奏。試圖用冷靜理性壓制情緒，只會被視為冷漠或逃避。

這時候，品牌可以扮演「情緒調頻器」的角色，透過語言、畫面與姿態將情緒拉回適度狀態。例如誠懇承認錯誤、請受尊

敬人士代為發聲、讓內部員工現身說法等方式，都能有效讓情緒從對抗轉為理解。

理解情緒節奏，才能掌握群體動能

情緒感染不是麻煩，而是心理流動的現象。品牌若能精準感知群體的情緒節奏，就能在訊息設計與公關策略上作出更敏銳的調整。

公共關係的本質不是止於危機應對，而是長期的心理連結經營。而懂得如何在情緒爆發前預防、爆發時穩住、結束後重建，才是真正能走長久的品牌。

第四節　負面情緒的管理與轉化策略

負面情緒不等於壞事，關鍵在於你怎麼處理

公共關係中，最棘手的不是錯誤本身，而是錯誤引發的負面情緒：不信任、焦慮、憤怒、幻滅。這些情緒會像病毒一樣蔓延，擴大問題本身的影響範圍。但心理學提醒我們，情緒本身並不是問題，處理情緒的方式才是。

根據心理學家詹姆斯・格羅斯（James Gross）的情緒調節理論，個體可以透過再評估、抑制或表達等策略來調整自己的情

緒反應。對品牌而言，這表示你不需要害怕群體的負面反應，而應該設法提供一種「再解釋事件的方式」，幫助群眾將情緒重新定位。

■ 先接住情緒，再引導方向

當消費者因產品問題憤怒時，若品牌第一時間僅回應「我們依法處理」，情緒會更爆炸。反之，若先說：「我們知道這讓你很不安，我們正在積極處理」，情緒便有被接住的可能。

情緒心理學強調：「所有情緒都在尋找被理解的出口。」品牌若能在第一時間讓群眾知道他們的感受被聽見、被重視，就能減少情緒的升高，也為後續溝通創造條件。

■ 找出情緒的背後需求

憤怒的背後可能是失望，失望的背後可能是期待。品牌要練習不只處理表面的情緒語言，而是挖掘情緒背後的心理訴求。

例如：一位顧客因延遲配送在網路上怒罵「爛透了」，真正的訴求可能是「我想被好好對待」，或「我今天有重要聚會需要這件商品」。若品牌回應是：「感謝您提醒，我們會強化流程」，雖然正確但無感。若改為：「我們理解這讓您感到被忽視，我們正在補強配送機制，也提供補償方案」，回應就會貼近情緒脈絡。

第四節　負面情緒的管理與轉化策略

■ 將負面情緒轉化為共鳴機會

很多成功的品牌都懂得「以情緒還情緒」的策略。當發生失誤時，他們選擇坦誠、不逃避，甚至邀請消費者參與改善過程，這不僅是危機處理，更是信任重建的過程。

心理學上稱這為「認同性修復」，當群體看到品牌願意承認、願意改進、願意一起學習時，原本的負面情緒就會轉化為一種新的連結感，甚至讓品牌形象更上一層樓。

■ 情緒轉化力，才是真正的公關底氣

處理負面情緒不該只是「壓下來」，而是「轉過來」。品牌要學會的不只是滅火，而是怎麼讓火變成熱情、怎麼讓情緒變成連結、怎麼讓危機變成故事。

真正強大的公共關係團隊，不是永遠不出事，而是每次出事都能把情緒處理得體，讓人看見品牌的人性與誠意。情緒處理能力，才是公共關係最終要建立的深層影響力。

第六章　情緒是關鍵：人心反應比邏輯快一步

第五節　當大眾恐懼、焦慮或憤怒時怎麼辦？

■ 群體情緒風暴的成因與擴散模式

當群眾陷入恐懼、焦慮或憤怒時，情緒的蔓延速度往往超過資訊的傳播速度。心理學家古斯塔夫・勒龐（Gustave Le Bon）在其《烏合之眾》中指出，群體中的個人會因共鳴而放大情緒，做出與平時判斷力不符的反應。這在公共關係處理上尤為棘手：你面對的不是單一的抱怨，而是如滾雪球般的情緒潮。

這些情緒通常不是單一事件造成，而是積壓已久的不滿、對現況的不安與對未來的不確定感所集體投射。例如一場產品延遲事件，背後可能引爆的是長久對服務不信任的焦慮情緒；一場意外事故，可能觸發的是對品牌價值觀破裂的憤怒。

■ 快速反應不是關鍵，正確的情緒定位才是

當大眾處在恐懼或焦慮狀態時，他們需要的不是立即得到答案，而是被理解的情緒依附。品牌若急於澄清與辯護，只會讓對方覺得「你不懂我在氣什麼」。因此，在回應策略上，必須先判斷情緒類型，再對症下藥。

恐懼需要的是安全感。你必須說出「我們會讓你安全」，而不只是「我們沒有錯」。焦慮需要的是方向感。讓人知道「我們接

下來會做什麼」比解釋「為什麼事情會發生」更重要。憤怒需要的是尊重與責任承擔。只要一感覺品牌在推卸責任，就會引發更深的反擊情緒。

■ 積極建立情緒緩衝機制

品牌若要在群體情緒風暴來臨時保持穩定，平時就必須建立「情緒防火牆」。這包含三個層面：第一，建立可信的品牌人設與語言風格，讓群眾習慣在危機中「先聽你怎麼說」；第二，培養穩定且快速的反應節奏，避免因拖延而引發更多不安；第三，養成社群內的正向支持力量，例如讓品牌擁有「被用戶保護的聲音」。

心理學研究顯示，情緒傳染效應可透過「社會支持」進行緩衝。若有一群人願意為品牌發聲、釐清事實，那麼負面情緒的傳播路徑就會被阻斷。因此，打造群體關係中的正向核心，是公共關係永續經營的關鍵策略。

■ 危機情緒回應的黃金三步驟

第一步是「情緒命名」：主動指出你知道群眾正在經歷的情緒，讓對方感受到你有感知而非冷感。

第二步是「感受承認」：用同理語言讓對方情緒被接納，例如：「我們知道這讓很多人失望，這不是你們期望的經驗。」

第三步是「行動引導」：在接住情緒後，才進入處理與修復，並邀請群眾參與解決或監督，讓他們從受害者轉為參與者。

■ 穩定情緒才能穩住關係

恐懼、焦慮與憤怒是公關現場最常見也最難處理的情緒。但正因它們真實、強烈且快速擴散，才更需要被慎重對待。

品牌若能在風暴中展現出情緒承載力，不只是危機處理者，更是情緒陪伴者，才能穩住群眾的信任感與關係黏著度。公關的最高境界，不是讓大家沒情緒，而是讓再大的情緒來時，人們願意先聽你怎麼說。

第六節　公關危機與情緒防火牆的建立

■ 危機無法避免，但可以被管理

在公共關係領域，沒有人能保證永遠不出事。品牌若想在突如其來的爭議中穩住人心，就必須建立一套「情緒防火牆」的機制。這套系統不只是針對事件的危機處理，更是針對人心的預防性管理。正如同心理學家馬斯洛（Abraham Maslow）指出：「安全感是所有行為動機的基礎」，品牌若無法在危機來臨時給予群體安全感，就會被迅速拋棄。

第六節　公關危機與情緒防火牆的建立

這種防火牆的核心概念是：在情緒蔓延之前先穩定關係，在問題爆發時減少恐慌擴散。它不是公關部門的臨時應變，而是品牌整體溝通策略的一部分。

情緒防火牆的四大基礎建設

第一，建立清楚一致的品牌價值觀。當群眾知道你「一向怎麼看世界」，就比較能理解你在危機中怎麼反應。價值觀是一種信任基礎，越一致、越誠懇，就越有防火效果。

第二，持續培養可信的品牌聲音。不論是發言人、客服小編、社群帳號或品牌代言人，都應該具備情緒穩定、語言得體、反應敏捷的特質。人們在危機中最怕「冷處理」，有聲音比沉默更能防堵情緒蔓延。

第三，提前設計危機應對的溝通模板。不是每次事件都要從頭設計回應流程，應有「預寫好」的情緒回應語句，並針對不同危機類型（產品、道德、安全、社會議題）擬定不同層次的回應版本。

第四，建立內外部的快速回饋機制。內部要能夠快速蒐集事實、確認觀點；外部要能即時感知輿論情緒風向，並迅速將真實感受回饋決策層。

第六章　情緒是關鍵：人心反應比邏輯快一步

■ 社群經營是最長效的情緒防火策略

許多品牌誤以為社群經營是行銷或曝光工具，其實它更是一種「平時儲備信任」的心理帳戶。當品牌長期經營一群願意傾聽、參與、相信的受眾，在危機發生時，他們會成為第一批擋下情緒風暴的人。

這也是為什麼品牌不該只在出事時才發聲，而應平時就用有溫度、有情緒、有交流的語言與群眾維持連結。平常說「謝謝」、危機時才有底氣說「對不起」。情緒防火牆的核心就是：讓人平常就知道你是個能溝通、會回應、有責任感的品牌。

■ 危機時的情緒行動對應架構

建立防火牆不代表危機不會發生，而是讓我們在危機來時「有路可走」。這條路應該包含三個核心步驟：感知、承接、轉化。

感知是第一時間掌握情緒強度與走向，不急著下結論；承接是用共感語言與誠意行動表達「我們願意一起面對」；轉化則是引導群體從情緒高點過渡到具體行動參與或信任重建。

品牌若能每一次危機中都練習這三部曲，就能逐漸把一次次事件轉化為一次次的信任強化，這才是公共關係的長期策略意義。

情緒防火牆是品牌韌性的象徵

情緒防火牆不只是危機中的防線,更是品牌平時經營的心理基礎建設。它決定了你遇到問題時,人們是否願意給你一次機會;它影響了你能否把錯誤轉為學習,把反對轉為信賴。

一個成熟的品牌,不是沒出過事,而是在每次事件中都讓人看見:你有誠意、有能力,也有同理心。而這,就是現代公共關係的情緒底盤。

第七節　品牌如何打造溫度感與陪伴感?

人們記得的是感覺,不是功能

在資訊爆炸、選擇過剩的時代,品牌之間的差異早已不再只是商品功能或價格優勢,而是「這個品牌讓我感覺如何」。心理學家丹尼爾·康納曼(Daniel Kahneman)強調,人們的選擇不是完全理性的,而是根據「情緒記憶」做出偏好。因此,品牌若想成為人們心中的「首選」,必須先成為「感覺好」的存在。

溫度感與陪伴感,正是讓品牌跳脫冷冰冰的商業面孔、進入人心內層的關鍵指標。它不只是好聽的形容詞,而是實際的心理體驗,是消費者與品牌之間「像朋友一樣」的關係感受。

第六章　情緒是關鍵：人心反應比邏輯快一步

■ 溫度感來自細節中的關注

打造溫度感，不一定要說動人故事或辦大型活動，而是從每個微小互動中，讓人感受到「你有在乎我」。

舉例來說，客服回應不是機器人語氣，而是真實人的語言；App 介面根據使用習慣貼心提醒；品牌訊息不是只談自己多棒，而是說「你會不會因此更安心」。這些細節讓人覺得品牌不是只想賺錢，而是懂你、陪著你。

溫度感，其實就是品牌是否願意多走一步，從使用者視角思考「如果我是他，我會希望對方怎麼說？」這種心理模擬能力，是建立好感與忠誠的關鍵。

■ 陪伴感是情緒連結的累積結果

陪伴感不是品牌說了算，而是消費者主觀感受到「你一直都在」的情緒認知。它來自穩定的語言風格、一致的價值觀展現，以及不缺席的日常對話。

像是 LINE 官方帳號每天的貼心提醒、品牌在社群中對留言真誠回覆、在突發事件時第一時間站出來表態，這些累積起來，就會變成一種心理熟悉感。

心理學家扎榮茲提出「曝光效應」（mere exposure effect），指出人們對反覆出現的對象會產生更高好感。品牌若能長期穩

第七節　品牌如何打造溫度感與陪伴感？

定「陪著受眾」，即使沒做什麼驚天動地的事，也能培養出深厚的認同。

▰ 情緒語言與非語言線索缺一不可

除了文字，品牌還可以透過顏色、聲音、圖像、節奏等非語言線索強化情緒體驗。例如溫暖色調、柔和字體、適當留白、舒服的回覆節奏，都會讓人感到「不急躁」、「不生硬」，這些都是溫度與陪伴的心理條件。

聲音商標（Sonic branding）也是一個例子。Netflix 的「噠噠聲」、LINE 的訊息提示音，這些聲音不只功能，更是讓人覺得熟悉、安心、在家的心理觸發器。品牌若能設計出這種有溫度的感官連結，就更容易成為陪伴者角色。

▰ 情緒經營才是品牌最深的護城河

打造溫度感與陪伴感，不是偶發事件，而是長期策略。它需要從語言、節奏、風格、價值、行為、態度等層面同步建立，最終成為品牌的情緒辨識度。

未來的公共關係不是做一次性的亮點活動，而是持續在每一個細節中讓人覺得：「你懂我，而且你一直都在。」當品牌能讓人感受到這樣的情緒連結，那麼信任、忠誠、分享與推薦就會自然發生，而這，才是公關的真正勝利。

135

第六章　情緒是關鍵：人心反應比邏輯快一步

第七章
社群時代的人心經營術

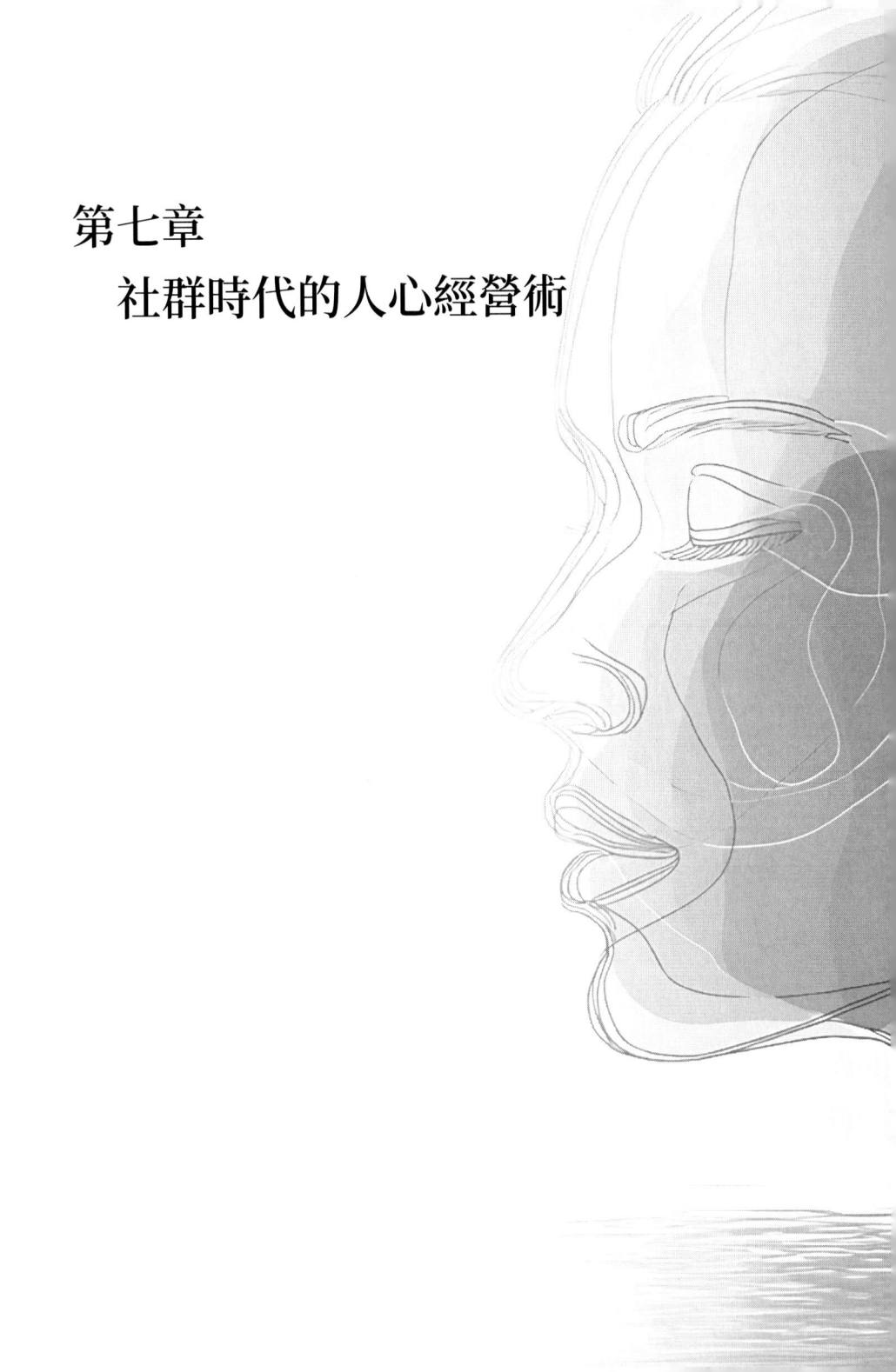

第七章　社群時代的人心經營術

第一節　網路上的你,還是你嗎?

網路形象是一種心理投射

在社群時代,我們不只活在現實中,也活在別人的「觀看」裡。你在 Instagram 的笑容、在 Facebook 的發言、在 YouTube 留言區的態度,都建構了一個「被觀看的自己」。這個網路形象,不見得是你的全部真實,但卻會成為他人認識你的主要依據。

心理學家卡爾・榮格(Carl Jung)提出「人格面具」(persona)概念,指出人們在社會中會戴上不同的面具以適應角色。網路世界正是這些面具被強化的場域。我們選擇上傳的照片、轉貼的文章、使用的語氣,都是在打造一個理想化的版本。

品牌也是如此。它們在線上建構的不只是「功能型態」,更是「心理投射體」。受眾看到的不是「這個牌子好不好」,而是「我跟它的關係是什麼」、「它像不像我」。因此,品牌在經營社群時,絕不能忽略心理角色的塑造。

自我呈現的選擇性與失真風險

在社群上,我們總是呈現自己最好、最想被看見的那一面。心理學家厄文・高夫曼(Erving Goffman)認為,人在互動中像演員一樣,根據不同情境調整表現,這就是所謂的「前臺行為」。而網路平臺,就是最強大的舞臺。

第一節　網路上的你，還是你嗎？

但問題在於，當這種選擇性呈現與現實差距過大，就容易導致「形象失真焦慮」與「認同失調」。個人如此，品牌更是如此。若一個品牌在線上總是過度理想化、過度包裝，一旦遇到現實問題，就容易引起「這不是你本來樣子」的群體失望。

因此，品牌在社群經營時必須拿捏一個平衡：既要有吸引力，又要保有真實感。說實話、展現努力、不怕示弱，反而比刻意完美更能建立長期信任。

人設不是裝出來，而是活出來

許多品牌試圖透過「人設」來經營社群，塑造出幽默、有個性、親切或知識型的角色。但真正成功的，不是塑造出一個角色，而是「活成一種一致的樣子」。

心理學家卡爾·羅傑斯（Carl Rogers）主張「一致性」（congruence）是建立信任的核心，人與人之間若能展現一致的情緒與表裡如一的行為，就能創造安全感。品牌亦然。當你的發文語氣、客服語言、回應態度與實體活動一致時，受眾會覺得「你是真的這樣」。

建立品牌人格不是短期工程，而是長期穩定的「行為累積」。換句話說，網路上的你，到底是不是你？關鍵不在於你怎麼演，而是你是否「真的這樣活」。

第七章　社群時代的人心經營術

■ 社群世界的真實，不是全部，而是有溫度的選擇

最後，我們要理解一件事：社群上不會存在「全部真實」，但可以存在「情感真實」。你可以挑選要呈現的面向，但那個面向要真誠、有溫度、有邏輯。

品牌與個人都一樣，不是不能修飾，而是不能虛構。只要你願意用有感覺的語言、負責任的態度與一致的立場，網路上的你，也能成為真正值得信賴的你。這不只是公共關係的技巧，而是新世代社群溝通的倫理基礎。

第二節　社群互動的心理需求：認同、回應、存在感

■ 社群互動不是資訊交換，而是情感交換

當我們滑手機、留言、按讚、轉發，我們真的只是想「知道事情」嗎？還是想「讓別人知道我在乎」？心理學告訴我們，社群互動的本質不是資訊流通，而是心理需求的滿足：人們渴望被認同、被看見、被回應，進而感受到「我存在」且「我被接納」。

社群平臺像是現代人的情緒舞臺。每一次留言背後，其實都是一種心聲表達；每一個按讚，都可能代表「我跟你站在一

起」。品牌若能看見這些潛在需求，經營社群就不再只是發文與活動，而是情感與信任的經營。

認同感：你是不是和我一樣

人們天生喜歡與自己「相似」的對象產生連結。這種心理傾向稱為「同質性吸引」（homophily）。在社群中，當品牌表現出相同價值觀、語言風格或行為習慣時，受眾就更容易產生認同感。

舉例來說，當一個關心環保的品牌在地球日分享減塑心得，會吸引相同理念的族群互動；當品牌在特定社會議題上表達立場，就會召喚認同者站出來支持。這些都是「我也是這樣想」的心理共鳴。

品牌經營者要思考的是：你發出的訊息，有沒有讓人覺得「你是我的人」？這份心理距離的拉近，比曝光更有力量。

回應感：你有聽到我說話嗎

社群不只是發表的場域，更是互動的場域。而「被回應」是社群互動中的核心體驗。心理學家艾瑞克·柏恩（Eric Berne）在交互分析理論中指出，人類溝通中最基本的單位是「刺激－反應」，當一個人發出訊息後，若長期無回應，會產生被忽視的焦慮感。

品牌若能即時回應留言、私訊，甚至用受眾熟悉的語言風

第七章　社群時代的人心經營術

格互動，會大幅提升品牌的溫度與好感。不是只有客服才需要回應，而是整個品牌都應該是一個「會傾聽的個體」。

■ 存在感：我說的話有沒有被看見

在社群中，我們不只是想「說話」，更想「被看到」。這種存在感的需求，是心理學上所說的「社會認可需求」（need for social recognition）。

例如一則留言獲得品牌回應、分享被轉發、投稿被採納，這些都能強化使用者的參與動機。久而久之，品牌與受眾之間就不只是「你說我聽」，而是「我也能成為一部分」。

這樣的互動會提升使用者的參與感與忠誠度，讓品牌不只是說話的人，更是願意聽你說話、讓你也說話的舞臺。

■ 社群互動是心理投資的回報場

社群互動的背後，是人們在尋找情緒回饋與關係確認。品牌若只看數據與觸及率，忽略了這些心理層次，就容易錯失真正的影響力。

公共關係不只是訊息設計，更是關係設計。當你願意從「被看見的需求」出發，理解人們在社群裡其實是在尋找理解、回應與連結，那麼你就不再只是社群經營者，而是群體情緒的陪伴者與引導者。

第三節　社群群體動力與「按讚」的心理機制

■「按讚」不只是反射，是心理參與的表現

我們每天在社群平臺上點讚、留言、轉發，這些動作看似簡單，但背後卻有著深刻的心理動因。心理學家福格提出「行為模型」（Fogg Behavior Model）指出，行為是動機、能力與觸發三者交會的結果。在社群中，「按讚」就是這三者結合的具體表現：我們被某個內容觸動，有能力做出反應（滑一下手指），又被設計好的機制誘發出行動。

然而，品牌經營者若只把「讚」當作數據來看，便忽略了這個動作背後更大的心理訊號：它代表一種微型的「情感表態」、一種「我也在場」的參與感。從公共關係角度來看，「按讚」是群體互動的入口，是形成集體共識的第一步。

■ 從眾心理：為什麼看到大家都按讚，我也想按？

社會心理學中的「從眾效應」（conformity effect）指出，人們在面對群體壓力時，傾向跟隨大多數的選擇。這種機制在社群中被演算法進一步放大：一篇文章越多人按讚、留言、分享，越容易被推播到更多人眼前，形成擴散現象。

這使得「讚數」本身就成為一種群體暗示，讓其他人願意更快地參與表態行為。對品牌而言，這代表一個現象：你要鼓勵

第七章　社群時代的人心經營術

第一批參與者，因為他們的動作將形塑之後的參與風潮。這就是社群動能的起點。

■ 社群影響力的情緒感染鏈

社群互動的過程也同時是一種「情緒傳染」。心理學家哈特菲爾德（Elaine Hatfield）在其研究中指出，人類會模仿並內化他人情緒，這就是「情緒感染理論」。當我們看到朋友對某篇貼文按讚、留言「超感動」，我們也會被這份情緒激起共鳴，進而加入按讚或互動。

品牌可以善用這種情緒傳染鏈，透過設計內容讓早期使用者或支持者先表態，再讓這些正向情緒擴散出去。例如發起以用戶故事為主的活動、開放留言區鼓勵「你也覺得這樣嗎」的回饋語言，這些都是促使情緒在群體中流動的設計策略。

■ 按讚是一種社會貨幣

在社群互動中，每一次按讚、留言或分享，也是一種「社會貨幣」的交換。根據約拿・博格（Jonah Berger）的《看不見的影響力》一書，分享行為的背後是人們想要「表達自己是誰」與「在群體中定位自己」的心理需求。

這也解釋了為何某些貼文會成為病毒式擴散：不是因為它多有趣或多實用，而是它剛好說出了某個群體的心聲，讓按讚

與分享成為一種「我也是這樣」的自我認同展現。

品牌若能設計出讓人願意轉發的內容，不只是增加曝光，更是參與者在社群中建立自我認同的橋梁。

從數據看到人心，才是品牌真正的智慧

社群上的每一個按讚，都是一種「心理參與」的表徵。品牌不能只把它當作績效數據，更要看成是受眾在你面前「點頭認同」的一種形式。

當你懂得從這些細微互動中解讀群體的情緒走向、心理需求與關係模式，你就不再只是做社群行銷，而是在做群體心理經營。而這，就是現代公共關係的核心功課。

第四節　演算法與心理偏誤的共犯結構

演算法是選擇的導演，不是中立的工具

現代社群平臺的運作，早已不是依照時間排序或使用者主動選擇，而是由演算法主導。「你看到什麼」並非完全由你決定，而是平臺根據你的點選紀錄、停留時間、互動習慣，計算出「你可能喜歡」的內容，並優先顯示。

這套機制看似貼心，實則大幅影響我們的情緒與認知。心

第七章　社群時代的人心經營術

理學家卡斯・桑斯坦（Cass Sunstein）曾指出，演算法容易讓我們陷入「過濾氣泡」（filter bubble），也就是只接收到與我們立場一致、情緒相近的內容，進而鞏固偏見，削弱反思能力。

品牌在經營社群時，若不理解這個機制，就會誤以為「受眾都很支持我們」、「大家反應很好」，但事實上只是同溫層效應在作祟，忽略了潛在的多元聲音與風險警訊。

■ 認知偏誤與演算法互相加乘

心理學告訴我們，大腦在處理資訊時常會出現偏誤，例如確認偏誤（confirmation bias）、代表性偏誤（representativeness heuristic）與可得性偏誤（availability bias）等。而演算法剛好會強化這些偏誤，讓我們更容易陷入片面認知。

當你習慣看某類型內容，平臺就推更多類似內容，這會加劇你的認知單一性；當某主題被大量轉發，即使內容錯誤，也因為曝光頻率高而變得「看起來像是真的」；當你發出某立場意見，只看到支持者的留言與讚數，就會誤判整體輿論。

這種「心理偏誤 × 演算法強化」的結構，對公共關係而言是一種風險。品牌容易在虛假的正向回饋中誤判情勢，也可能在危機初期沒察覺到異溫層的真實反應。

第四節　演算法與心理偏誤的共犯結構

■ 情緒極化是演算法的默許者

演算法的本質是「讓人停留更久」，而人們停留最久的內容，往往是能引起強烈情緒的訊息。這讓平臺更容易推薦具爭議、對立、誇張或煽動性的內容。

心理學家強納森·海特（Jonathan Haidt）指出，社群平臺鼓勵的是「部落式情緒反應」，而不是深層理性思考。這導致品牌若不小心，可能無意中成為某個情緒風暴的一部分，甚至被操弄、標籤或敵對化。

品牌在經營社群時，必須意識到自己可能處於這個情緒市場的「演出位置」，而不是舞臺背後的觀眾。每一次發言都可能被過度解讀或刻意切割，因此語言、立場、回應節奏都要有風險意識。

■ 公共關係需要演算法覺察力

面對這種演算法與心理偏誤共構的環境，品牌需要具備「演算法覺察力」：知道自己的內容會如何被平臺處理、知道受眾的資訊流經常是非對稱的、知道情緒可能被扭曲放大。

例如：同樣一句話可能在 A 社群中獲得鼓掌，在 B 平臺卻被罵爆；一個行銷活動在你的社群被熱烈轉發，但在潛在顧客的演算法中根本沒有曝光。若品牌缺乏這種覺察，就容易誤以為掌握全局，實則失去判斷力。

第七章　社群時代的人心經營術

■ 真誠與多元，是穿透演算法的關鍵策略

演算法不是你的敵人，但它也不是中立的朋友。它是一套會強化人性偏誤的技術結構。

品牌若要在這樣的環境中存活與前進，必須用真誠語言突破情緒極化、用多元視角打破過濾氣泡、用系統設計追求長期信任，而不是短期熱度。只有這樣，才能在演算法與人性之間，建立一種更清明、更持久的公共關係策略。

第五節　貼文、標題與圖片背後的操控技巧

■ 感官刺激是第一道心理攻勢

我們以為自己是在理性閱讀社群貼文，事實上，大腦早在我們滑動螢幕的瞬間，就開始根據顏色、構圖、表情、標題等感官元素決定是否停下來。這些「吸睛」設計不只是美感問題，而是運用心理學精算過的操控工具。

心理學家丹尼爾・康納曼（Daniel Kahneman）將思考系統分為「系統一」（快速直覺）與「系統二」（慢速理性）。大多數社群內容設計，都是在喚醒「系統一」的快速反應：紅色讓人緊張、放大字引發注意、emoji 增加情緒強度、人物眼神產生同理心。

品牌若能理解這些感官設計的心理學邏輯，就能更精準地

第五節　貼文、標題與圖片背後的操控技巧

設計內容,不只是「被看到」,而是「讓人想點進來」且「留下情緒痕跡」。

■ 標題設計是決定點選與否的情緒槓桿

標題不只是訊息摘要,它是決定用戶是否行動的第一個心理門檻。依據心理學「認知啟發理論」(heuristic processing),人在面對資訊時會依賴簡單線索做出決策,而標題就是最強的線索之一。

情緒性標題如「你一定想不到……」、「看完這個你會沉默」、「他只做了這件事,就讓網友暴動」,透過驚訝、憤怒、好奇等心理觸發點,誘發點選欲望。但過度誇張會導致反效果,讓品牌失去信任。

好的標題不是騙點選,而是用心理技巧放大訊息重點。例如:「為什麼99%的品牌都忽略了這個細節?」就比「品牌經營小技巧」更有心理牽引力。

■ 圖片選擇決定情緒導向

根據眼動追蹤研究,使用者在滑手機時,最先被圖片吸引的比例超過85%。而圖片中人物的表情、身體語言、色彩飽和度都會強烈影響情緒判讀。

心理學家保羅・艾克曼(Paul Ekman)指出,人類能快速辨

識七種基本情緒表情,而這些表情會自動觸發觀看者的鏡像神經反應。品牌若使用憤怒表情照片,容易引發警戒或對立感;若使用喜悅、驚訝、關心等情緒臉孔,則較易產生共感與分享意願。

此外,圖片中的構圖也會影響觀看情緒:仰角拍攝代表崇高,俯視構圖暗示控制;人物正面眼神代表對話,側身背影代表思考或孤單。這些細節看似不起眼,卻是心理操控的關鍵點。

■ 操控與共感的道德界線

當品牌理解了這些操控技巧,下一步要問的不是「怎麼有效」,而是「怎麼誠實」。操控不等於欺騙,操控的底線在於:是否仍尊重受眾的情緒與認知權。

心理學界強調「知情選擇」(informed choice)的倫理精神,若一則貼文用標題誘導錯誤預期、圖片營造錯誤情緒,雖能換來點選,卻會在長期破壞信任資產。

因此,品牌應該以「真實資訊 × 有效表達」為目標,用心理設計讓受眾更容易理解,而不是被誤導。真正長久的影響力,來自誠實運用心理技巧,而非過度操弄人性弱點。

■ 設計內容,就像設計情緒行動

貼文、標題與圖片不是單純視覺組合,而是「心理行動的前導過程」。它們在設計的不只是美觀與易讀,更是「如何讓人做

出情緒回應」的邏輯運算。

　　品牌若能從心理學角度設計內容，就能精準打造影響力路徑；而若能從倫理角度設計這些心理工具，就能在建立信任與操控之間找到平衡，真正發揮公共關係在數位社群時代的深度影響力。

第六節　面對網路謠言與集體情緒：你不能不懂的心理策略

■ 謠言的擴散，不靠真相靠情緒

　　在網路世界，真相常常跑不贏情緒。一則未經查證的貼文、截圖或留言，往往比官方聲明更快傳播，甚至比事實本身更容易被記住。心理學家高登·奧爾波特（Gordon Allport）在研究中指出：「謠言的強度取決於事件的重要性與模糊性。」

　　換句話說，越多人關注、越難釐清的事，就越容易被謠言攻占。而網路社群正是放大這兩個條件的溫床：人人都能發聲，人人都能轉傳，每個模糊的空隙，都可能被情緒填滿。

■ 集體情緒如何吞沒理性？

　　面對謠言，人們不一定相信內容是否正確，而是「這件事對我來說有多恐怖、多可惡、多可惜」。心理學中的「情緒推理謬

第七章　社群時代的人心經營術

誤」(emotional reasoning)指出,人們會根據自己感受來判斷事情是否真實:「我覺得很不舒服,所以它一定有問題。」

再加上「群體極化效應」(group polarization),也就是當一群人持有類似觀點時,彼此互動會讓立場變得更極端、更堅定,這使得謠言不只難澄清,還會進化成「集體信仰」般的存在。

品牌若只是用「理性解釋」或「轉貼澄清」來應對謠言,往往無法穿透這層心理結界,甚至會被視為「硬拗」或「粉飾」。真正有效的應對,要先處理的是情緒,而不是資訊。

■ 有效澄清要靠「情緒對等回應」

當品牌面對謠言與情緒時,第一步不是提供證據,而是提供理解。讓受眾感受到「我們知道你們的擔心」,比「這不是事實」更能降低防衛心。

心理學上稱這種策略為「情緒鏡射」(affective mirroring),也就是用與對方相近的情緒語言回應,例如:「我們跟你一樣震驚」、「我們也不敢相信發生這種事」,先建立同理,再進入說明。

第二步是使用「正向比對資訊」:不是只說「那是假的」,而是提供另一個「可以相信的版本」。例如:「你看到的截圖來自2018年的舊新聞,當時情境是……」,讓受眾在接受新資訊時不覺得自己被糾正,而是「我自己發現真相」。

第六節　面對網路謠言與集體情緒：你不能不懂的心理策略

■ 建立信任比一次澄清更重要

一個品牌若平常就缺乏誠信基礎與互動關係，在危機來臨時就會發現：你說的話沒人要聽。反之，若品牌平時就經營出「值得相信」的形象，即使遭遇謠言，也有支持者願意站出來澄清。

這是心理學中的「關係帳戶理論」：平時多存一點信任，危機時才有信用可提領。品牌若總是在出事才說話，平時冷漠、說話官腔，那麼受眾自然會相信謠言而不是你。

■ 危機處理是一種心理預備工程

網路謠言與情緒風暴不是「資訊問題」，而是「人心問題」。品牌要有足夠的心理準備，知道不是每件事都能用證據說服人，但每個人都能被同理與尊重打動。

你的聲明文、澄清稿、回應策略，如果能做到情緒對等、資訊比對、關係信任三者兼備，就能減緩謠言擴散的節奏，甚至將危機轉化為信任加分的契機。

面對謠言，不能只會「滅火」，而要會「建防火牆」。這正是現代公共關係人最不能忽略的心理策略核心。

第七節　如何在社群世界建立長期信任與對話？

■ 社群經營的關鍵不是曝光，而是關係

在注意力稀缺的時代，社群不再只是品牌曝光的工具，而是「關係建構的平臺」。心理學家亞伯特・班度拉（Albert Bandura）曾指出，社會互動中最關鍵的影響力來自於觀察學習與關係累積，而不是單向輸出。

社群平臺上的品牌，若只想「發訊息」，而不想「回應人」，就會變成毫無互動的廣告機器。建立信任的關鍵，不在於你說了多少次自己有多好，而在於你是否願意與群眾「來回對話」，甚至承認自己的不完美。

■ 長期信任來自一致性與回應性

心理學研究顯示，「一致性」與「回應性」是建立人際信任的兩大基礎。品牌若想在社群中成為被信任的對象，必須在語言風格、行為方式、回應節奏上維持高度一致，讓受眾感覺「你不是忽冷忽熱」的存在。

同時，「回應性」指的是你能否針對社群反應做出有意義的對話，而不只是機械式的回應。像是使用者在留言中表達困

第七節　如何在社群世界建立長期信任與對話？

惑，品牌不只是貼上制式連結，而是願意根據對方語氣與情緒調整語言風格，這才是真正的「社群對話」而非「客服處理」。

■ 分享權與參與感是社群關係的黏著劑

信任不只來自品牌的努力，更來自群眾「覺得自己有參與」。心理學上的「自我決定理論」（self-determination theory）指出，人們在有自主感與參與權時，會更願意投入與認同。

因此，品牌若願意將內容創作的一部分交給社群、開放產品測試給早期用戶、讓粉絲決定下一步行銷活動方向，這些「賦權互動」都會讓受眾覺得「我是品牌的一部分」，進而提升信任與忠誠。

最成功的社群不是品牌自己很會說話，而是粉絲願意幫你說、願意陪你走，這就是社群信任的最高境界。

■ 情緒溫度決定關係深度

社群不是資料庫，而是情緒場。品牌若無法讓人感受到溫度，就很難讓人留下來，更別說建立信任。根據神經心理學研究，當人們在社群中感受到「被理解」、「被陪伴」、「被回應」，大腦會釋放催產素（oxytocin），這種「連結荷爾蒙」會增強信任感與歸屬感。

品牌若能用貼近人心的語言風格、真誠回應的態度、偶爾

的脆弱與幽默來展現「人味」，就更容易打破社群的距離感，拉近與受眾的心理距離。

■ 對話不只是回應，是一種心理交換

社群中的「對話」不只是文字上的往來，而是一種心理上的信任交換。品牌必須理解，社群經營的每一次回覆、每一則貼文、每一次沉默或發聲，都是在對外界說：「我們是什麼樣的人」。

當品牌能穩定且誠懇地建立這份對話關係，受眾就不會只把你當成資訊來源，而是願意陪你一起面對變化、一起創造未來。這種情感夥伴關係，才是社群世界中最稀缺也最珍貴的公共關係資產。

第八章
品牌背後的人性心理

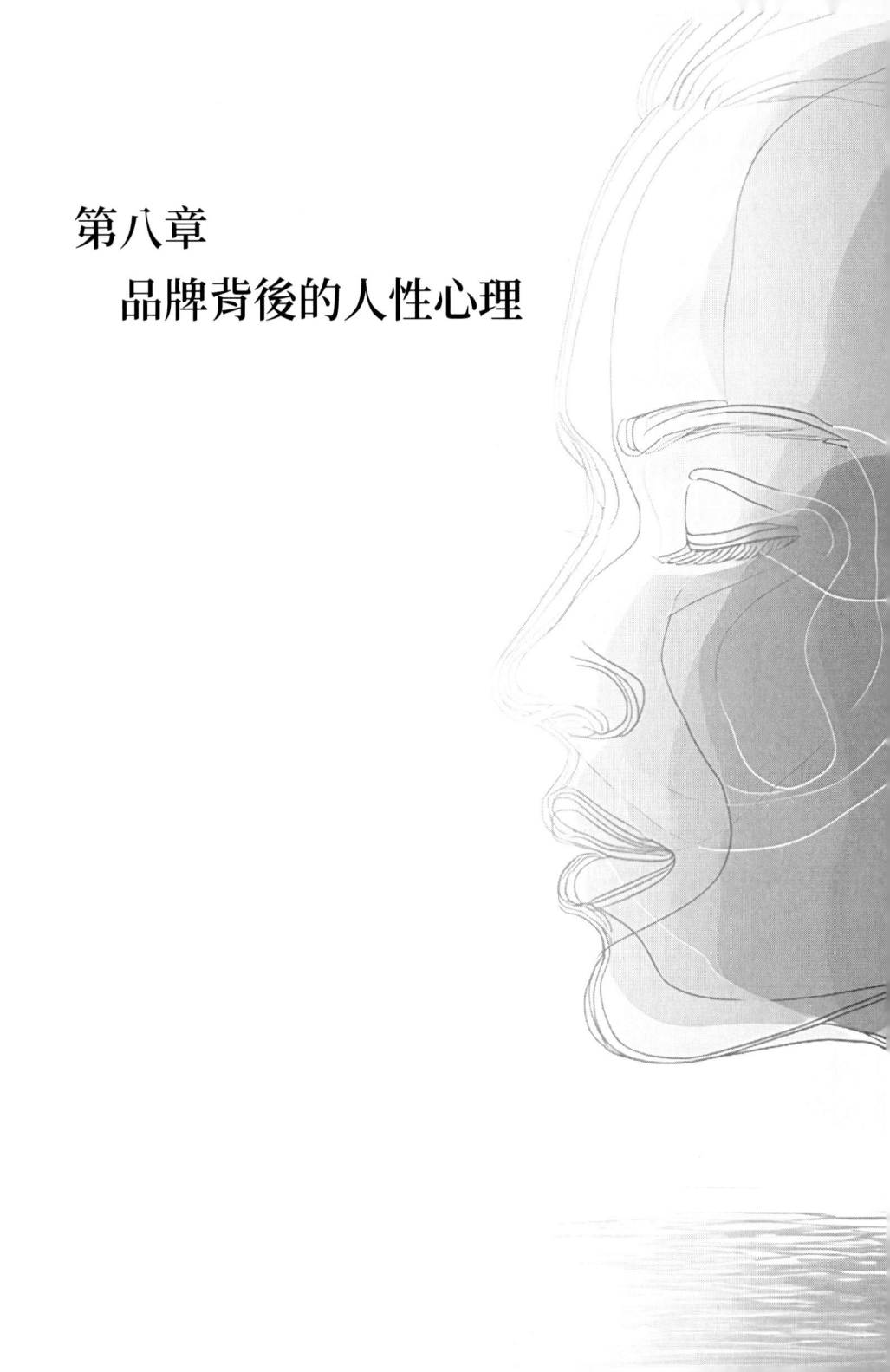

第八章　品牌背後的人性心理

第一節　品牌不是 logo，是一種心理記憶

■ 品牌不只是視覺符號，而是心理定位

當我們提到某個品牌，多數人想到的是它的 logo、顏色或廣告口號。但事實上，這些只是外在的辨識工具，真正讓品牌存在於人心的，是一種「心理記憶」——一種與某種經驗、情緒或價值綁定的內在印象。

心理學家費斯廷格（Leon Festinger）的「認知不協調理論」指出，人類會主動尋找與內心信念一致的資訊，以維持心理平衡。品牌就是這樣一種信念系統：當我們認同某品牌代表的價值，就會在消費行為中「維護那個信念」。這也是為什麼某些品牌能讓人不斷回購，即使價格或功能並不突出，因為那是一種「我相信它」的心理自我確認。

■ 心理記憶是由情緒與重複組成

品牌能否被記住，不只是因為設計得漂亮，而是它是否在對的時刻與人產生情緒連結。根據記憶心理學的研究，人類記住的資訊，往往與強烈情緒經驗有關。這也是為什麼某個廣告畫面、某次客服互動、甚至一次道歉聲明，都可能成為品牌記憶中的關鍵轉折。

而重複則是讓這些記憶深化的催化劑。當品牌在不同平臺、

第一節　品牌不是 logo，是一種心理記憶

不同場景中持續用一致的語言、情緒與風格出現，會讓人產生「熟悉感」，這種熟悉進一步建立信任。品牌若缺乏這種穩定性，記憶就容易破碎，難以建立長期心占率。

品牌是感覺，不是資訊

品牌的核心從來不是「你說了什麼」，而是「別人感覺到什麼」。這與心理學中的「投射效應」有關：人們傾向將自己內心的價值、願望或需求投射到某些符號上，品牌就是這樣的投射載體。

舉例來說，當你看到蘋果，你感受到的不只是產品規格，而是「創新」、「設計感」與「某種生活風格」；當你想到 IKEA，你的腦中浮現的可能是「實用」、「溫馨」或「家的想像」。這些都是品牌長期累積出的「心理符碼」，而不是行銷文案中直接寫出來的東西。

品牌經營者必須意識到，受眾記住的永遠不是你講的內容本身，而是「你講話的時候，他心裡有什麼感覺」。

品牌記憶是心理慣性的一部分

從神經心理學的角度看，人類大腦會為了節省能量，將熟悉的品牌或符號自動編入「認知慣性」中，也就是一種不經思考的選擇機制。這就是為什麼超市裡我們會直接走向熟悉品牌、不

第八章　品牌背後的人性心理

需要重新思考比較；為什麼搜尋結果裡我們優先點選常見名稱。

品牌記憶一旦形成，就會進入「自動決策」流程。這也是為什麼建立品牌的早期「心理定位」如此關鍵，它將決定你未來能否成為大腦裡的快速選項之一。

心占率才是品牌的長期戰場

品牌不是 logo，不是廣告語，更不是包裝設計，而是在人們心理中被留下的「那種感覺」。這種感覺，來自情緒、來自重複、來自認同，更來自你是否在關鍵時刻站在使用者身邊。

公共關係的任務，就是要幫助品牌從訊息的輸出者，轉為「心理印象的設計者」。當你能夠設計出讓人記得的感覺，那麼品牌就不再是你說了算，而是別人心中已經默默給出的選擇。

第二節　價值主張與消費者心中的角色劇本

品牌定位就是一場心理劇的角色安排

每一個品牌，其實都在觀眾心中扮演著某種角色。你可能是那個總是給人安全感的「長兄」、也可能是引領潮流的「冒險者」，或是溫暖貼心的「鄰家好友」。這些角色不是廣告寫出來的，而是消費者從互動中推論出來的「劇本認知」。

第二節　價值主張與消費者心中的角色劇本

文學家肯尼思・伯克（Kenneth Burke）認為人們用「戲劇五元素」（dramatistic pentad）來理解事件——行動者、行動、場景、工具、目的。品牌如果想要被理解，就必須在這個戲劇框架裡，讓人知道你是誰、做了什麼、為了什麼。

換句話說，價值主張不只是口號，而是一種角色聲明：你是來完成什麼任務、幫助誰、對抗什麼問題，這些都是劇情鋪陳的一部分。

價值不只在說什麼，而是站在哪一邊

成功的品牌價值主張，往往不是「我多棒」，而是「我站在哪裡」。根據社會心理學的社會定錨理論（social anchoring theory），人們更容易記住在議題上有立場、有態度的角色，因為這樣更容易產生認同或對抗。

像 Patagonia 的「我們的衣服不是用來讓你炫耀，而是保護地球」、多芬主打女性真實的美麗、Netflix 支持內容多元性，這些都不只是在賣東西，而是在說：「我們和誰在一起，我們反對什麼。」這樣的價值主張不只明確，也更容易讓人形成心理連結。

角色劇本幫助消費者自我投射

心理學中的「自我概念一致性理論」（self-congruity theory）指出，消費者會傾向選擇與自我形象一致的品牌，因為這會讓

他們的自我感覺更穩定、更完整。

所以當品牌的角色劇本清楚時，消費者就能在其中找到「我的一部分」：你是一個自由靈魂，就會喜歡戶外品牌；你重視效率與簡潔，就會愛科技感設計。品牌越明確扮演某種角色，消費者越容易對號入座。

這也說明為什麼價值主張需要有溫度與情境，不是一句「我們致力於提供最棒的產品」，而是「我們讓你在混亂中找到秩序」、「我們幫你把每天過得更像你想要的樣子」。

■ 品牌角色不能演，要活出來

最後，價值主張如果只是行銷語句，而品牌行為卻不一致，那麼消費者會感受到「角色錯亂」，產生信任斷裂。心理學家卡爾・羅傑斯（Carl Rogers）強調「一致性」（congruence）是關係建立的基礎，品牌也是如此。

你的角色劇本，必須在所有接觸點中都演得一致：從客服回應到社群語言、從商品包裝到售後機制，都要讓人感受到「你真的是這樣的人」。

價值主張不是 slogan，而是品牌在這齣劇中的定位與承諾。當你活成那個角色，消費者就會願意把你納入他們的人生劇本，這才是真正的人性連結與長期信任的開始。

第三節　擬人化品牌與角色投射效應

我們為什麼會把品牌「當人看」？

當我們說某個品牌「很有個性」、「很親切」或「太做作」，我們其實正在用描述人的語言形容一個非人的對象。這種現象在心理學上被稱為「擬人化」（anthropomorphism），也就是將非人事物賦予人的特質、情感與動機。

人類天生傾向擬人化，因為我們的大腦習慣以人際互動的方式理解世界。根據社會心理學研究，擬人化能幫助我們降低不確定感，提升親近感。因此，當品牌展現出幽默、善解人意或明確立場時，我們更容易與它產生情感連結，就像在與一個「熟悉的人」互動。

擬人化形象有助於建立品牌忠誠

行銷學家蘇珊‧福尼爾（Susan Fournier）曾提出「品牌關係理論」（Brand Relationship Theory），她認為人們會以建立人際關係的方式對待品牌，並賦予品牌「人格」。她在研究中發現，消費者對某些品牌的忠誠，甚至像是在維繫一段長期伴侶關係。

當品牌的人格設定明確，消費者會開始對其產生期望與評價，進一步決定要不要「繼續這段關係」。例如 Nike 彷彿是個總激勵你行動的教練，IKEA 像是鼓勵你打造生活的朋友，這些

第八章　品牌背後的人性心理

「角色人格」成為品牌穩定連結的重要基礎。

除了強化忠誠，擬人化也讓品牌在出錯時更容易被原諒。這種心理機制類似於我們對朋友的包容，當一個人長期給予我們正面情緒與價值，即使偶爾失誤，我們也傾向寬容對待。品牌亦然，只要具備持續的情感投資，擬人化角色便能成為品牌風險管理的緩衝器。

■ 投射效應讓品牌成為自我認同的延伸

擬人化品牌的另一個心理效果是「角色投射效應」（projective identification），也就是人們會將自己的價值觀、情緒狀態或理想自我投射到品牌身上，進而感受到自我完整。

這不只是「我喜歡這個品牌」，而是「這個品牌好像懂我」、「我想變成這樣的人」。當品牌形象與消費者的理想自我高度重疊，就會產生強烈的情感依附，甚至在品牌出錯時仍選擇包容，就像我們會原諒熟悉朋友的小失誤。

這種投射不只存在於消費行為中，也影響到人們的社群表達。例如：當你選擇穿上某品牌的服飾、打卡特定餐廳、轉發某品牌語錄，其實是在對外展示「我想讓人看到的我是誰」。品牌因此成為個人身分的一部分，這種角色融合就是最深層的品牌黏著力來源。

第三節　擬人化品牌與角色投射效應

■ 品牌擬人化的策略關鍵

要讓品牌真正具備擬人化效果，不能只靠形象設計，而是要在語言風格、互動節奏、價值表達上展現一致性。心理學家席爾迪尼曾提到，「一致性原則」是建立信任的重要法則。若品牌在客服、廣告、社群回應中展現一致的人格風格，使用者就會更容易形成擬人化印象。

此外，擬人化也不代表品牌要「裝可愛」或「講笑話」，而是要像一個有脾氣、有立場、有情緒的人。這樣才能讓使用者覺得「你是活的」，而不是冷冰冰的企業符號。

具體策略上，可從三個層面打造擬人化品牌：第一，語言風格有辨識度，如麥當勞的親切感、誠品的文藝風；第二，情緒反應有一致性，能在快樂、憤怒、道歉時展現一致調性；第三，角色行動有邏輯，品牌的出場與缺席都能符合它設定的人格劇本。

■ 當品牌像人，就能被信任與喜愛

擬人化品牌不只是行銷話術，而是一種「讓品牌更容易被理解與記住」的心理橋梁。當品牌擁有清晰角色、穩定個性與情感觸感，就更容易與人產生深度連結。

從公共關係角度來看，這種擬人化策略不只是吸睛，更是信任與忠誠的養成路徑。讓品牌像個真實的人一樣說話、反應

與共鳴，你就不只是經營品牌，而是在建立一段長久的人我關係。這是一場心理工程的持續累積，唯有誠實與一致，才能讓品牌人格走得長久，也真正活在人們的心裡。

第四節　為什麼我們對品牌會有情感依附？

■ 情感依附源於「熟悉感」與「陪伴感」

人類天生渴望穩定的關係，這種關係未必一定來自人，也可能來自事物或品牌。心理學家約翰‧鮑比（John Bowlby）提出的「依附理論」（Attachment Theory）指出，人對穩定而可預測的對象會產生心理依賴與安全感。品牌若能長期以穩定的風格、語言與價值觀與使用者互動，就會逐漸被視為「熟悉的存在」，甚至成為情感依附的對象。

這就是為什麼我們習慣去同一家咖啡館、買同一牌洗髮精或選擇熟悉的訂房網站，這些行為背後不只是方便，而是心理的「熟悉感偏好」。品牌若能創造一種「你一直都在」的穩定陪伴印象，就更容易在使用者心中建立情感依附基礎。

■ 情緒記憶強化了品牌的個人意義

我們會對哪些品牌產生情感連結？往往不是它的功能最強，而是它曾在某個關鍵時刻「陪著我們」。心理學中的「情緒記憶

強化效應」（emotional enhancement of memory）指出，人類更容易記住與強烈情緒相連的經驗，而那個當下如果有品牌存在，它就會被一併記住。

例如：一場旅行的感動，一次考試的奮戰，一段失戀的療癒，若其中某個品牌成為背景陪伴者，那麼這個品牌就會被心理標記為「我人生的一部分」。這種記憶內化遠比廣告強打更有影響力，因為它建立的是生活與情緒的連結，而非單純知識記憶。

▎品牌提供身分認同的支持

心理學家艾瑞克森認為，自我認同的發展來自於我們在社會中如何「定義自己」與「被他人理解」。品牌能提供的，正是一種「外顯的自我標籤」：我選擇這個品牌，就是我想讓世界知道的我是誰。

當品牌成功地傳遞出一種明確的角色定位與價值主張，就會吸引具有相似價值觀的人靠近，進一步產生心理認同。從時尚品牌如 UNIQLO 的平價實用，到蘋果的設計導向，再到誠品的文化感，每一種品牌都是一種自我敘事的工具。

而當這種認同被外界認可（如他人稱讚、同儕肯定），我們對品牌的情感依附就會加深，因為它不只是品牌，而是我們社會角色的象徵。

第八章　品牌背後的人性心理

■ 品牌依附是一種關係，不是習慣

與品牌的情感依附，與其說是習慣，不如說是關係。這關係需要被持續照顧與回應。若品牌一段時間後風格大變、價值觀錯亂或溝通失焦，使用者會有「被背叛感」，這就像朋友突然變了一個人，讓人無所適從。

心理學研究也顯示，關係的穩定來自「可預測性＋回應性」。品牌若能持續保持語言、設計、行為上的一致性，同時在用戶有需求或回饋時能夠給出真誠回應，那麼這段關係就有機會進化為深層的「心理連結」層次。

■ 真正影響消費者的不是價格，是連結感

品牌之所以能被情感依附，是因為它在我們的生活中扮演了「能讓我們感覺被理解」的角色。這種感覺來自熟悉、來自陪伴、來自回憶，也來自價值觀上的認同。

在一個選擇眾多、價格競爭激烈的世界裡，能讓人願意持續回來的品牌，往往不是因為你便宜或厲害，而是因為「你讓我感覺更像我自己」。這種心理安全感，就是情感依附的最終形式，也正是品牌最該經營的無形資產。

第五節　記憶心理學：讓人記住你，從何開始？

■ 記憶的起點不是資訊，是情緒

想讓人記住品牌，不是從設計標誌開始，而是從觸動人心開始。心理學家丹尼爾・夏克特（Daniel Schacter）指出，記憶的形成通常發生在有情緒參與的時刻，這種「情緒增強效應」使得與感受相連的資訊更容易被長期記住。

當一個品牌讓人感到驚喜、溫暖、認同或被理解，這樣的情緒會在記憶中打下深刻印記。反之，再美的文案、再亮眼的廣告，若缺乏情緒共鳴，也可能在幾秒內被滑過忘記。記憶的入口不是邏輯，是感覺。

■ 大腦怎麼記住一個品牌？從感官與語意線索建立

根據記憶心理學的雙重編碼理論（Dual Coding Theory），人類在接收資訊時，會同時透過「語言」與「影像」兩個系統處理。因此，品牌若能讓語言訊息（如品牌標語、產品命名）與視覺訊號（如標誌、顏色、吉祥物）同步出現，會大幅提高記憶機率。

例如：一看到麥當勞的金色拱門或聽到「I'm lovin' it」的旋律，多數人就能自動連結起該品牌，這是因為大腦已建立多重

第八章　品牌背後的人性心理

線索來提取記憶內容。有效的品牌記憶建構策略，正是設計這些讓人「一秒想到你」的心理捷徑。

■ 重複與時間間隔：記憶的強化劑

想讓記憶更牢固，關鍵不在重複幾次，而在於「重複的節奏」。根據「間隔重複效應」（Spacing Effect），資訊若能在不同時間點、多元情境下被多次接觸，比集中一次大量曝光更容易長期記住。

品牌若能設計出一套跨平臺、跨場景、一致但不單調的內容傳遞方式，例如在實體店面、社群平臺、包裝設計中都重複出現核心概念，就能讓記憶在時間中被穩定強化，進而進入長期記憶區。

■ 故事比資訊更容易留存

記憶心理學研究一再證明：人類對故事的記憶遠強於對單一資訊的記憶。這是因為故事提供了一個意義結構，讓資訊能有前後因果、人物動機與情感流動，這些都更符合人腦儲存與提取記憶的方式。

如果一個品牌只是說「我們有十年經驗」、「品質保證」，受眾可能記不住。但如果你用一個顧客的真實故事、一段改變人生的經歷來呈現品牌價值，這樣的情境就會深深刻印在腦海中。

讓記憶停留的，
不只是說了什麼，而是說法與時機

品牌若要被記住，不能只是設計漂亮、標語響亮，而是要深入理解「記憶如何運作」。從情緒起點開始，透過雙重編碼設計、多點重複策略與故事化呈現，搭配正確的曝光時機與情境，就能在使用者腦中建立強固的記憶痕跡。

你不是要讓人記住你的「品牌名」，而是讓人記得「你帶來的那個時刻、那個感覺」。這才是記憶心理學真正給公共關係工作者的啟示：我們在建構的不是印象，而是一段有意義的心理經驗。

第六節　品牌聲音與調性：塑造感知的一致性

品牌調性不是設計語言，是感知情緒

多數人以為「品牌聲音」指的是商標音效或廣告配樂，但其實，它更是一種讓人「感覺你是誰」的情緒氣氛。心理學家羅素和麥拉賓（Russell & Mehrabian）提出「情緒維度模型」，指出人在感知刺激時會基於愉悅度、喚起度與控制感來形成整體印象。品牌若能在語言風格與視覺設計中營造一致的情緒維度，就能

第八章　品牌背後的人性心理

讓人產生穩定的心理期待。

舉例來說，誠品以沉穩內斂的文字語調搭配簡潔素雅的設計，讓人一看到就聯想到「知性」與「靜謐」；全聯則以略帶反諷的語氣與擬人幽默的敘述方式，形塑出「有哏、有感」的在地親切。這些風格不只是在說話，更是在塑造一種「你感覺這個品牌是怎樣的人」。

■ 一致的語調創造信任，混亂讓人疏離

心理學研究顯示，人類傾向信任語言風格穩定的對象，因為一致性象徵可預測性與可靠性。品牌若在社群貼文講求人味、但在客服回應卻冷硬無情，或官方網站語言高冷、而活動文案又親暱過度，就會讓人感覺「你不是真的」，而非「你很有個性」。

品牌聲音的調性應該像一個人講話——可以情緒有高低，但語氣與邏輯要一致。如果你是一個鼓勵型品牌，那麼即使是在澄清負評或面對爭議時，也應該以「相信使用者理性、提供資訊選擇」的方式回應，而不是突然強硬或冷漠。這樣的調性一致，才能在各種互動場景中穩固感知信任。

■ 品牌聲音的三個心理層次

品牌聲音的建立，可以從三個心理層次理解：第一是「語言選擇」，包括你用的詞彙、句型、敘述方式；第二是「語氣情

第六節　品牌聲音與調性：塑造感知的一致性

緒」，也就是你說話的情感色彩，是嚴肅、輕鬆還是熱血；第三是「角色視角」，品牌是用一個專家在說話、一個朋友在說話，還是一個像家人般的存在？

這三個層次必須互相支撐，才能形成一種「這是你」的穩定形象。例如：Pinterest 語氣像姊妹淘，語言活潑親近，視角是「一起生活實驗」的夥伴；而 Spotify 則偏向文化觀察者，用輕鬆但有見解的語言來推薦音樂，角色是引領而不干涉的朋友。這些設計都會讓使用者在潛意識裡形成明確角色印象。

感知一致性來自跨場景語言與視覺對位

真正優秀的品牌聲音，不會只出現在廣告或主視覺上，而是滲透到每一個觸點。從包裝標語、客服對話、自動回覆信、會員通知、甚至退換貨流程，都應該展現出一致的語調與風格。

這就像人與人之間建立信任，需要時間與細節累積。如果今天你在餐廳看到微笑迎賓，點餐過程被熱情引導，結果結帳時遭遇冷言冷語，你會記得的是「你根本不是我以為的那個人」。品牌亦然，每一次語言表現，都是一次身分驗證。

公共關係的語言設計，不能只求文案創意

品牌聲音不只是寫得漂亮的句子，而是心理認知上的「風格與角色一致性」。這種一致性，是建立信任與熟悉感的根本。

第八章　品牌背後的人性心理

公共關係工作者不能只從「創意溝通」出發，更應從「感知設計」的角度規劃整體語言策略。唯有當每一個被讀到、聽到、看到的片段，都在說同一種語氣、演繹同一種角色，品牌的形象才不會只是瞬間吸引，而能長期留下。

第七節　建立一個「有感」的品牌人格模型

品牌人格不是個性貼紙，而是一種認同架構

當我們談品牌人格時，很多人會想到四個形容詞：「創新、誠懇、專業、活潑」。但品牌人格不該只是行銷企劃書上的形容詞，而是心理學中真正有內在結構、能夠被人認同的角色形象。

心理學家珍妮佛・艾克（Jennifer Aaker）提出「品牌人格五維度模型」（Brand Personality Framework），包括：真誠（Sincerity）、活力（Excitement）、能幹（Competence）、華麗（Sophistication）與堅韌（Ruggedness）。品牌若能在其中某一維度上表現出清晰一致的語言與行為，使用者就更容易產生心理歸屬與認同。

模型一：人格設計必須對應目標心理需求

打造品牌人格前，要先問：「我們的使用者需要什麼樣的心理陪伴？」是需要安全感？鼓勵？認同？還是啟發？這些心理需

求對應著不同的人格輪廓。

舉例來說,若你的使用者主要是剛進社會的新鮮人,品牌應該提供的是「陪跑者型人格」:樂觀、鼓舞人心、務實;而如果你的對象是家庭主婦,那麼「理解型人格」:溫柔、細心、具備生活智慧會更有共鳴。

這種對位是心理學中的「補償性認同」,消費者會偏好那些能補足自己當下狀態的角色。品牌若能正確對應這份心理期待,就能成為某種「角色支持系統」。

模型二:品牌人格的三層結構

為了讓品牌人格更具體,我們可將其拆解為三層架構:核心信念(Belief)、行為風格(Behavior)、溝通語氣(Tone)。

核心信念是品牌在這世界存在的理由與價值,例如:「相信創意能解決問題」、「相信平凡日子也值得紀念」。行為風格則是品牌如何出現、如何回應,包括設計、上架節奏、內容選題等;而語氣,則是品牌說話的方式與情緒溫度。

這三層若能彼此呼應,便能形成一個「一聽就像你、一下就認得」的完整人格。例如誠品的核心信念是文化的生活化,行為風格是低調中帶質感,語氣則是文雅中帶點詩意,這就構成了「誠品人格」。

第八章　品牌背後的人性心理

■ 模型三：人格穩定性與發展性兼具

品牌人格不能只是設定一次就永遠不變。好的品牌人格是「穩定中可成長」，能夠隨時代與受眾變化做出微調，但又不失本質。這與心理學中的「人格發展模型」一致：一個人的核心價值會穩定，但行為與表達會因情境而適應。

品牌可以透過「角色旅程設計」，讓人格隨著品牌成長階段有不同展現方式。例如新創階段可較為直白與親民；成長階段則轉向深度與可信；成熟期則加入社會責任與價值影響力。但這一切，都應以同一套人格價值為基礎。

■ 公關不是管理聲音，而是持續活化品牌人格

品牌人格模型不是用來裝飾文案的，而是作為整體溝通策略的心理支柱。公共關係工作者的任務，不只是「寫出像品牌的語句」，而是確保每一次曝光都在延續那個「真實的角色」。

當你理解使用者的心理期待、設定清晰的角色對位、設計三層人格結構，並讓人格在不同階段活化成長，你就能讓品牌成為一個不只會說話、更讓人想靠近的心理對象。

品牌人格不只是「形象管理」，它是你與世界互動的角色選擇──而這個選擇，將決定你被記得的方式，也決定你能走多遠。

第九章
危機事件的心理應對指南

第九章　危機事件的心理應對指南

第一節　什麼叫做「心理危機」？

危機不是事件，是心理秩序的崩潰

在公共關係領域中，危機常被定義為突發性的負面事件，像是醜聞、產品瑕疵、負面報導等。然而從心理學觀點來看，真正的危機不是事件本身，而是「人對事件的主觀感受失控」。心理危機是當我們原有的理解世界方式遭到破壞，導致情緒混亂、行為失序與信任斷裂的心理狀態。

心理學家將心理危機定義為：個體無法以習慣的應對方式處理內外刺激，進而產生心理失衡。這意味著，不管事件大小，真正關鍵的是它是否觸發了人們「不知道該怎麼辦」的情緒狀態。因此，一場記者會開砸了可能變成危機，一次社群留言沒處理好也可能點燃眾怒。

危機心理的三階段：震盪、混亂、重構

根據心理危機干預模型，人的危機反應大致會經歷三個階段。第一是「震盪期」，面對突發訊息，大腦會短暫停滯，產生茫然與不安；第二是「混亂期」，情緒上升、資訊焦慮、各種說法流竄，判斷力下降；第三是「重構期」，經過外部引導或自我整理，重新建立事件意義，恢復心理秩序。

第一節　什麼叫做「心理危機」？

品牌若能在「震盪期」即時出聲，有機會穩定局勢；若錯過黃金時機，等到「混亂期」才回應，不只難以止血，還可能被誤解為逃避、冷漠，甚至加劇群體的焦慮感與不信任感。以 2020 年全球疫情初期為例，幾個航空與旅宿品牌能在第一時間提供清楚指引與安心保證，甚至主動彈性退改政策，便贏得了顧客長期的信任，遠比那些「等看看再說」的企業更快走出風暴。

危機處理首先是安撫情緒，而非解釋事實

許多組織在面對危機時，第一反應是「趕快說清楚」，但這往往忽略了「對方已經情緒上來」的現實。心理學研究指出，人在情緒高張時，大腦會進入「杏仁核主導」狀態，此時理性思考能力下降，事實反而進不了心。

真正有效的危機應對，第一步應該是「處理情緒」，讓人感受到你看到了他們的擔心與憤怒，並願意面對，而不是急著解釋或否認。只有當情緒被接住，理性之門才會重新打開。這正是「心理干預三原則」中的第一步：接觸－表達－整合。

某家知名連鎖餐飲企業遭遇食品中毒風波，雖第一時間發出聲明澄清來源問題，但因語氣過度防禦、缺乏情緒共感，引發網路群體不滿。後續經過更換發言人、由創辦人親自拍攝影片表達歉意，並公開改進行動計畫，才逐步讓品牌聲譽回穩。

第九章　危機事件的心理應對指南

■ 公共關係的任務是協助社會心理復原

從心理角度來看，危機是一次「心理安全感的破洞」，品牌與公關的角色，不只是形象修補工，更是「集體心理秩序的修復者」。這代表你不只是說一份聲明稿，而是要設計一條讓大眾「心理重新站穩」的階梯。可能是一段誠懇道歉、一種具體行動、一場有溫度的對話，甚至是一個暫時的沉默，只要它能讓大眾感覺「我們可以慢慢理解、慢慢好起來」，那就是成功的危機應對。

在 2023 年 ChatGPT 引發全球 AI 使用風潮的同時，也有企業因誤用 AI 造成個資疑慮與數位倫理爭議。微軟與 Google 兩間大廠分別展開公開透明的使用政策、專家說明直播與用戶回饋機制，就是讓「理性重新回歸」的策略操作。不僅止住恐慌，更重建了大眾對科技的基本信賴。

危機不是毀滅，它是一次重新建立信任與關係的機會。從心理出發，才能看見人真正的需求，也才能讓品牌在風暴後留下的是信任，而不是陰影。

第二節　恐慌心理的傳播與感染

恐慌不是個人情緒，是群體的認知共振

恐慌的可怕，不在於某一個人失控，而是它會以驚人的速度蔓延成集體失控。心理學家古斯塔夫・勒龐（Gustave Le Bon）指出，群體會放大個體情緒、降低判斷力，使人進入一種非理性的「共鳴狀態」。當一個人開始恐懼，身邊的人會下意識模仿他的反應，恐慌就像病毒一樣「感染」整個社群。

這種現象在災難事件、疫情爆發、重大醜聞時尤為明顯。一則假新聞、一張模糊照片或一段未證實的影片，都可能在短時間內引發群體情緒失控。恐慌傳播的速度，往往比真相傳播快上十倍以上。

恐慌的三種心理來源：不確定感、失控感、孤立感

心理學研究發現，恐慌的心理動因可歸納為三種：不確定感（不知道真相是什麼）、失控感（不知道能做什麼）與孤立感（覺得沒人能理解我）。

當人們在面對未知威脅時，例如突然的產品下架、食安問題、藝人醜聞，他們的理智會短暫離席，轉而尋找「情緒出口」與「社會指標」。如果品牌或公權力在第一時間沒有出聲，恐

第九章　危機事件的心理應對指南

慌就會自動尋找別的方向蔓延，例如陰謀論、誤解指控或群體獵巫。

■ 社群網路放大恐慌傳播效應

在過去，恐慌可能局限於一個社區、一份報紙；但在社群網路時代，每一則情緒化的留言、每一次瘋傳的貼文，都是情緒傳播的載體。社群平臺的演算法傾向強化用戶感受強烈的內容，也就是「恐懼」、「憤怒」與「悲傷」會比「理性」更容易被擴散。

心理學家保羅・斯洛維奇（Paul Slovic）指出，「情緒支配認知」是危機期間的常態，人在高度焦慮狀態下，只會選擇相信最符合自己感覺的資訊，而非最接近事實的資料。這也解釋了為什麼闢謠往往成效不彰，因為人在恐慌時並不真的想要知道「正確的答案」，而是想要「情緒獲得出口」。

■ 如何阻斷恐慌鏈？用信任與節奏建立新秩序

面對恐慌傳播，品牌與公關不是單純「闢謠機器」，而是要成為情緒穩定器。這需要三個策略：第一是「即時出現」，不讓恐慌填補空白；第二是「用人說話」，讓發言具備情緒感染力與角色可信度；第三是「設計節奏」，在一連串回應中建立節奏感與前後連貫性，幫助大眾重拾秩序感。

第二節　恐慌心理的傳播與感染

例如某手搖飲品牌遭遇食安疑雲時，品牌第一時間由創辦人現身直播，承認問題、說明調查、展開補救計畫。透過穩定語氣、公開數據與每日更新進度，成功中止了原本正在擴大的恐慌鏈，反而獲得不少顧客的支持。

▓ 恐慌不會自動消退，它需要被「情緒領導」

恐慌的本質是「人際間不安感的共鳴」，它會被放大、被感染、被誤解，也可能被操控。公共關係的角色不是阻止情緒，而是正確引導情緒。你必須願意「看見恐懼」、接住焦慮，並提供一條走回理性的道路。

從心理設計的角度來說，「情緒領導」指的是你願意在情緒蔓延前，先放下立場、先說人話、先表達感受，讓受眾有情緒可以依附，這就是一種「社會安全感設計」。

某國際快時尚品牌在員工工時爭議風波中，即使法規上無違法，但因為初期回應冷淡、態度迴避，導致社群恐慌迅速升高。後來品牌改採情感策略，由一線員工出面發聲、搭配具體政策承諾，才慢慢將情緒引導回理性討論。

群體恐慌不能只靠資訊管控，而是需要心理設計與節奏引導。唯有懂得人心的秩序邏輯，才能讓品牌不只是倖存者，更是群體信任的再建者。

第三節　資訊透明與「未知恐懼」的管理

未知，是引發焦慮的最大根源

在心理學中，「未知」被視為威脅感的放大器。人們在無法預測情境時，往往會進入焦慮或恐慌狀態。這種「未知恐懼」（fear of the unknown）不只是針對事情本身的恐懼，而是對於失去控制、失去掌握資訊的恐懼。

心理學家的研究指出，未知會讓人產生災難性預期（catastrophic thinking），也就是把缺乏資訊的空白，自動填補成最壞的情境。這就是為什麼當品牌發生爭議卻遲遲不表態，往往會導致群眾開始揣測最負面的可能，甚至出現「你一定有鬼」的社會推論。

資訊不對等會造成「心理真空」

在危機情境中，資訊的不對等會導致「心理真空」——一種大眾渴望知道，但品牌卻保持沉默的時刻。這時，大腦會自動進入補償模式，開始尋找其他來源的資訊（即便是假訊息），以滿足「知道一個答案」的需求。

這種心理補償行為導致了「錯誤資訊優勢」，即：誰先講、誰聲音大、誰語氣肯定，誰就占據了輿論主導地位。若品牌無

第三節　資訊透明與「未知恐懼」的管理

法在第一時間填補真空，不只是輸掉聲量，更可能被情緒性敘事主導風向。

■ 資訊透明不是交代全部，而是適時揭露關鍵

資訊透明在心理學上對應的是「可預測性與掌握感」。人類的安全感來自於「知道下一步會怎樣」，因此透明不是無條件揭露所有細節，而是要在對的時間，用對的語氣，揭露對受眾有意義的資訊。

例如在疫情期間，中央流行疫情指揮中心會以定時記者會模式揭露確診數據與政策調整，雖不一定涵蓋全部細節，但因為具備「固定頻率」、「一致節奏」與「可預測語言」，讓民眾在資訊壓力下仍感受到秩序，成功避免了多次潛在的群體恐慌。

■ 如何讓資訊透明真正建立信任？

資訊公開要產生心理信任，需同時具備三項條件：一、穩定性：不能斷斷續續，一會說一會不說；二、誠懇度：語言要真實，能承認限制與錯誤；三、回應性：能夠依照外界反應做出實質調整與補充。

這三者組合起來，就會讓群眾產生「你不是怕我知道，而是怕我誤會」的感受，也就讓品牌從「防衛者」變成「同行者」。這樣的角色轉變，才是長期信任建立的心理核心。

第九章　危機事件的心理應對指南

　　國際家電品牌在電池過熱導致火災事件後，公開承認產品缺陷、成立專屬客服中心、每日更新改善進度，並邀請第三方機構參與測試結果發布。這樣的透明策略讓該品牌雖然短期遭遇營收打擊，卻在後續市占率中反而提升，證明資訊透明不只是風險控管，更是品牌價值加分器。

■ 透明不是手段，是態度

　　資訊透明的本質不是「要不要說」，而是「你是怎麼看待大眾的信任」。當品牌願意相信大眾有能力理解、有資格知情，就會自然以夥伴心態來設計資訊傳遞策略。

　　面對未知，真正有力量的不是「控制」資訊，而是「設計」理解。公共關係工作者的任務，不只是保護資訊邊界，更是打造理解框架，讓不確定變得可以掌握，讓恐懼轉化為可共處的現實。這才是真正能消除未知恐懼的心理工程。

第四節　道歉策略與彌補行為的心理效應

■ 為什麼一句道歉能讓人放下怒火？

　　在危機處理中，道歉從來不只是禮貌，而是一種心理修復機制。心理學家 William Benoit 的「形象修復理論」(Image Res-

第四節　道歉策略與彌補行為的心理效應

toration Theory）指出，當品牌或個人形象受損時，道歉若搭配適當的語言、情境與行為補救，能有效降低敵意、修復關係與重建信任。

尤其在高張力的社會氛圍中，一句真誠的道歉可以扮演「情緒釋放閥」的角色，讓憤怒有出口，也讓受眾願意從對抗轉向對話。反之，若道歉充滿修飾、閃躲或轉移焦點，反而可能激化不滿，讓原本可控的事件變成難以收拾的輿論危機。

有效道歉的五個心理元素

心理學家亞倫・拉扎爾（Aaron Lazare）在其著作《道歉的力量》（*On Apology*）中提出一個經典模型 —— 一個有效的道歉，應包含五個要素：一、明確承認錯誤；二、表達懊悔情緒；三、解釋發生原因但不為自己開脫；四、承諾不再犯；五、提出具體補救行動。

這五個步驟不是格式，而是順應人性需求的情緒流程。大眾要的不只是聽到「對不起」，而是感受到「你真的知道錯在哪」、「你願意改變什麼」、「我可以相信你未來不再發生」。

某國際服飾品牌因為種族刻板印象設計遭到抵制，初期冷處理引來更大反彈。後續改由品牌創辦人親自拍影片道歉，並邀請多元種族設計師加入審查委員會、每季度公開審查報告，才真正讓風波逐漸平息。

第九章　危機事件的心理應對指南

■ 彌補行為是信任重建的基礎

道歉若無後續彌補，只會淪為「公關文字」。真正有修復力的，是品牌是否提出明確可衡量的行動，例如退款機制、產品回收、捐助公益、內部懲處與改善承諾。

行為心理學強調「行動一致性」是信任建立的核心，也就是「說到要改，就真的去改」。大眾會用接下來的行動來判斷品牌是否誠懇，道歉只是開場，彌補才是劇情主軸。

某運動用品品牌因員工工時爭議引發眾怒後，不僅公開致歉，更在一週內公布新的排班制度、增設匿名申訴管道，並由第三方工時管理顧問進駐，這樣具體行動讓消費者願意給予第二次機會。

■ 道歉的時機與角色同樣關鍵

一場道歉能否奏效，關鍵不僅是說什麼，而是「誰說」與「什麼時候說」。研究顯示，越高階的角色出面道歉，越容易讓受眾產生信任感；而道歉若拖太久，會讓群眾覺得你是被逼的，降低道歉的心理價值。

因此，若品牌面對的是高情緒張力的議題，應盡早啟動「高位責任型道歉」，由 CEO、創辦人或品牌代言人直接出面，而非讓「發言人」或「客服」處理第一線。這種直接面對責任的姿態，比起任何技巧都更能產生真誠感。

真誠是最稀缺的溝通資產

道歉不是一種操作,而是一種重新做人、重新說話的開始。唯有當你真的願意放下權威、坦承錯誤、展開修復行動,你才有機會重建品牌在人心中的地位。

公共關係的本質不是壓低聲量、模糊焦點,而是與人建立真正的心理連結。而在所有心理連結中,道歉,是最需要勇氣也最具修復力的一種。

第五節　危機角色框架:誰該說話?怎麼說?

危機裡的第一句話,決定輿論走向

危機發生的當下,誰出來說話、說什麼、用什麼語氣說,往往比內容本身更影響大眾的感受。心理學中的「權威效應」(Authority Effect)指出,人們更傾向相信具有權力象徵的人所說的話,因為這樣可以迅速減少不確定性、獲得安全感。

這也解釋了為什麼一間公司出了問題,大家期待的是 CEO 或創辦人出面,而不是發言人照稿唸;一個藝人被爆料,大家要看的不是經紀公司的新聞稿,而是本人道歉。角色的象徵意義,就是心理安定的起點。

第九章　危機事件的心理應對指南

■ 危機中角色分工的心理策略

一場成功的危機溝通，往往不是只有一個人說話，而是有層次、有計畫地安排多個角色出場，各自負責特定任務。我們可以把這些角色分成三類：

- 責任承擔者（Leader）：代表整個組織出面，傳遞誠意與決心，通常由 CEO、創辦人或高階主管擔任。
- 資訊傳遞者（Informant）：負責提供具體事證、數據與後續行動方案，建立組織的可信度，通常為專業主管、研發、法務或第三方顧問。
- 情緒接住者（Empathizer）：負責與群眾建立情感連結，展現理解與安撫的姿態，可能是形象親民的代言人、一線員工代表或 KOL。

這三種角色不是互相排斥，而是應該依照危機節奏與輿論焦點適時出現。當責任需要被承認時，讓領導者出面；當大家急需資訊時，讓專業者說明；當社群情緒高漲時，讓有溫度的代表接住情緒。

■ 發言語氣的心理效應：不是說話，而是「怎麼說」

人在情緒高張時，更在意語氣勝於內容。語言心理學研究指出，「語調」、「停頓」、「語言的主動性」會直接影響訊息的信任度與被接受程度。

第五節　危機角色框架：誰該說話？怎麼說？

舉例來說，若一段聲明中充滿被動語態（例如「造成這樣的誤會我們深感遺憾」），就容易被解讀為卸責；而一段有主動語氣的表述（如「我們沒做好，我們會修正」），則更容易被大眾接受。

此外，語氣應避免高冷、機械、法律腔，而改用日常語言、感性敘述，讓人感受到「你是人不是機器」。像是 Netflix 在 2022 年面對用戶訂閱退潮時的公開信，不僅清楚分析數據，更加入 CEO 親自撰寫的反思與承諾語句，讓用戶覺得「你有看到我，也在努力改變」，這種語調的設計，比資訊本身更有力量。

角色失誤會放大危機

選錯發言角色，不只無法安撫情緒，還可能激化危機。例如曾有航空公司因班機延誤被批評時，第一時間由客服中心發布模糊回應，結果社群爆炸；直到 24 小時後高階主管才出面，已經失去主導輿論的黃金時機。

另一個例子是某速食品牌食材爭議，初期讓代言人說明事件背景，結果群眾不買單，認為是「找代罪羔羊」。後來由企業高層親自出面致歉、說明改進與補救，才逐漸平息風波。

這些例子顯示，角色安排不只是公關策略，更是一種心理定位問題：你派誰出面，就代表你怎麼看待這件事，也代表你怎麼看待被傷害的群眾。

危機發言設計的心理準則

危機發言不能只看職位高低,更要思考:「這個人能代表我們的態度嗎?」、「這個人能讓大眾情緒被接住嗎?」、「他說的話能夠帶來秩序與方向感嗎?」

公關不是把稿子唸好,而是找對角色、說對語氣、選對時機。當你理解人們其實在找「心理依附對象」,你就會知道,誰來說,比說什麼還重要。

在危機裡,品牌不是找人代言,而是要找到「可信的情緒翻譯者」,才能真正讓言語穿透防衛、進入人心。

第六節　醜聞處理與信任重建的行為步驟

醜聞的心理效應:信任的快速瓦解

醜聞之所以殺傷力強,不是因為事情本身多嚴重,而是它會在極短時間內摧毀長年累積的信任。心理學家羅伊·鮑邁斯特(Roy Baumeister)的研究指出,負面資訊在記憶中比正面資訊更容易被記住,這就是所謂的「負面偏誤」(Negativity Bias)。

當品牌捲入醜聞,大眾會以極快速度放大情緒、追求正義、尋找出氣對象。在這種情緒洪水中,任何延誤、冷處理或轉移

第六節　醜聞處理與信任重建的行為步驟

焦點的做法,往往都會被解讀為「心虛」、「不尊重」、「逃避責任」。因此,醜聞不是形象風險,而是關係危機,必須用人際修復的邏輯來因應。

醜聞處理的五階段心理模型

處理醜聞的過程就像修復一段受傷的關係,我們可以用以下五階段模型理解:

(1) 承認破裂:第一步是承認問題存在,讓受眾知道你沒有在否認或掩蓋。

(2) 接住情緒:用對語氣表達理解與歉意,讓情緒找到出口。

(3) 提出彌補:說明你打算怎麼補救,以及如何保證未來避免再犯。

(4) 建立新機制:不是只處理一次事件,而是建立制度、流程來保證改變持續。

(5) 重建互動關係:透過後續透明溝通與真實行動,讓信任逐步修補。

這五個步驟中,最容易被忽略的是第五步。許多品牌在危機「止血」後就收手,但受眾的信任還沒回來。如果沒有後續互動、沒有持續表現,信任只會停留在「觀望」階段,無法真正恢復。

第九章　危機事件的心理應對指南

■ 從崩壞到修復的反轉策略

某日系化妝品牌因高層發言涉及歧視性言論而陷入輿論風暴，初期僅發布簡短聲明未說明後續作為，導致網友持續反彈。直到第五天，由品牌總部全球總經理出面拍攝影片道歉，並宣布終止涉事主管職務、成立多元共融小組、調整全球教育素材，輿情才開始反轉。

這個案例之所以能從崩壞走向修復，關鍵在於它不只「回應」，而是「行動」。道歉之後搭配制度調整與內部教育，才讓大眾相信這不只是止血，而是願意改變的開始。

■ 重建信任不是再說一次好話，而是讓人看見改變

信任是一種心理契約，當它破裂之後，不是靠語言能補回來，而是要靠「行為紀錄」來慢慢修補。心理學家約翰・高特曼（John Gottman）曾指出，良好的關係是靠「信任帳戶」累積出來的，每一個正向回應、負責任的舉動、誠實的行動，都是往帳戶裡存錢。

品牌也是如此。危機過後，每一次客服回應、每一次產品說明、每一篇社群貼文，都是一次「信任帳戶補存」。大眾會觀察你有沒有真的改變，而不是你說得多漂亮。

■ 醜聞處理的核心不是止血，是轉化

醜聞處理不是為了讓事情過去，而是讓關係重新開始。如果把它當作短期公關風暴，只會處在焦頭爛額的滅火模式；但如果把它當成一次深層修復契機，品牌不但有機會回穩，甚至可能「洗牌翻轉」，獲得更深層的情感認同。

從心理學角度來看，每一次危機，都是讓人們重新定義你是誰的機會。你選擇逃避或面對、敷衍或真誠、修飾或改變，決定了他們是否還願意相信你。

記住：醜聞不是你摔倒的原因，而是你是否願意站起來、用什麼姿態站起來的鏡子。

第七節　事件後期的集體創傷與心理修復

■ 危機之後，心理影響才正要開始

多數人認為危機處理結束於風頭過去、輿論平息、媒體轉移焦點，但從心理學觀點來看，真正的挑戰往往是在事件之後才展開。危機雖然短暫，卻可能在群體心理中留下長期創傷，這種「集體創傷」(collective trauma) 不會自動痊癒，反而會潛藏在情緒記憶中，影響人們對品牌、制度與他人的信任基礎。

社會心理學家凱・艾瑞克森 (Kai Erikson) 曾提出，災難會改

第九章　危機事件的心理應對指南

變社群成員的互動模式與心理結構，造成持久的不安與關係扭曲。這也說明了為什麼即使品牌已經道歉、彌補並改善制度，大眾仍可能抱持懷疑、冷感，甚至排斥回到原本的關係中。

■ 集體創傷的三種表現型態

在危機過後的心理觀察中，集體創傷往往以三種形式出現：

- 關係疏離：民眾雖不再抗議，卻也不再積極支持，品牌的互動率、回購率明顯下滑。
- 情緒迴避：當再次提及事件時，出現「不要再講了」、「我已經不在乎」等冷漠反應，其實代表情緒尚未被整合。
- 信任延宕：即使品牌後續表現良好，大眾仍傾向觀望、懷疑，對新承諾產生「你最好說到做到」的高標準審視。

這些現象並非無理取鬧，而是創傷後自我保護的心理機制。若品牌沒有意識到這些潛在創傷，可能誤以為「都過去了」，進而錯失真正修復關係的關鍵時間點。

■ 修復的心理路徑：安全、認同與共感

要處理創傷，不是靠正向口號或價格促銷，而是必須設計一條讓人「心理安全感回來」的路徑。這條路徑包括三個要素：

- 安全感重建：用一致性的行為、穩定的節奏與開放的對話空間，讓受眾感覺「這個品牌現在可以被信任」。

第七節　事件後期的集體創傷與心理修復

- 情緒認同：主動承認事件的影響，讓人知道「你沒有假裝這些事沒發生過」。
- 共感行動：將關係焦點從品牌自身轉向使用者，例如透過用戶故事、社群參與、回饋計畫，讓「你不是孤單的」成為核心訊息。

這些設計看似不直接與產品銷售相關，但卻深刻影響了人們對品牌的心理歸屬感，也正是品牌長壽的心理土壤。

■ 心理修復勝於行銷攻勢

一間連鎖咖啡品牌因員工歧視顧客事件引發抵制，事後雖火速道歉與處理，但受眾仍長期冷感。直到品牌啟動「再聊一次」計畫，邀請曾因事件受創的顧客參與座談，與品牌經理面對面討論、聆聽故事，並將這些過程製作成紀錄片式社群內容，才讓大眾慢慢重新靠近。

這個過程不是典型的行銷操作，而是「心理復原設計」：讓創傷被看見、被承認，讓人們感覺自己不是被遺忘的、不是被當作阻礙處理的物件，而是「修復的一部分」。

■ 創傷修復，是一場人心工程

公共關係不只是危機處理的前線，更是心理創傷照護的後線。當危機過後，你的每一個回應、每一次對話、每一場參與

第九章　危機事件的心理應對指南

活動，都是心理工程的一磚一瓦。

修復關係不是打廣告，而是重新贏回人心。而人心，是最敏感也最堅韌的材料，只要你願意細細雕琢，它可以受傷，也可以再次依附。

第十章
溝通技巧的心理學拆解

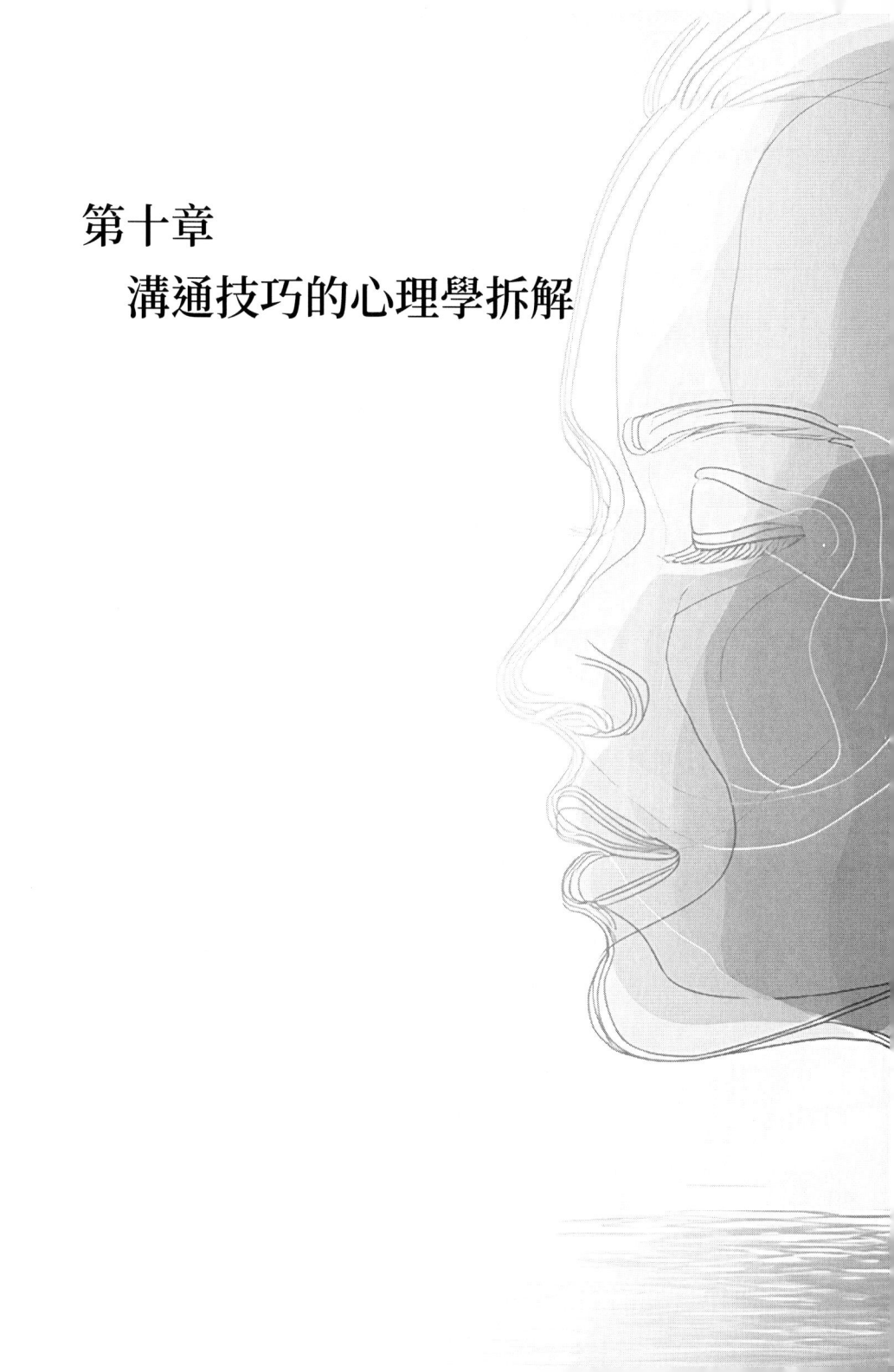

第十章　溝通技巧的心理學拆解

第一節　有效溝通的心理基礎

你說的話，對方真的聽懂了嗎？

溝通的本質，不只是語言的輸出，更是心理的對接。當我們說出一段話，其實傳遞的不只是詞句，而是背後的情緒、立場、期待與關係姿態。從心理學角度來看，所謂「有效的溝通」，指的是訊息不只是被接收，而是被理解與接受。

人際互動中最常見的困擾之一，就是「我以為我講得很清楚」，但對方卻完全不是那個意思。這不只是語言本身的問題，而是牽涉到人們如何解讀語言背後的心理訊號。

我們其實是在「解釋」對方，而不是單純在「聽」

心理學家保羅・瓦茲拉維克（Paul Watzlawick）曾說：「人無法不溝通。」這句話的核心在於，我們即使沒有說話，也在不斷釋放訊息。語氣、姿態、停頓、甚至選擇不回應，都是溝通行為的一部分。而這些行為，會被他人主動解釋。

這個解釋的過程，就屬於「社會認知」的範疇。人們在與他人互動時，不只是在接收訊息，更會主動推論對方的意圖與情緒。這種推論有時候正確，有時候偏誤，而這些偏誤，往往就是溝通失誤的根源。

第一節　有效溝通的心理基礎

■ 我們都在進行「心理預設」的對話

想像一個情境：你傳了一段訊息給同事，開頭寫著「這份報告格式是不是可以再調整一下？」在你看來，這只是尋求討論；但對方可能讀出：「你是不是在暗示我做得不好？」

這種現象背後，是「語用推論」（pragmatic inference）的運作。人們會根據情境、語境、關係、情緒狀態來理解話語的真正含義，而不是單純看字面意思。語言的意義，從來不是固定的，而是依賴雙方心理狀態共同建構出來的。

■ 語言會透露你怎麼看待關係

我們說話的方式，會影響別人怎麼看我們、也影響他怎麼看自己。在心理學中，這叫做「關係層次的溝通」。也就是說，每一句話都包含著兩層訊息：一是你想傳達的內容，二是你如何定義你與對方的關係。

舉例來說，一句「你等一下幫我弄一下資料好嗎？」與「你再幫我弄一下資料」，在語意上差異不大，但前者保有請求與尊重的語氣，後者則可能被解讀為指示或命令。這些細節，會直接影響溝通的品質與彼此的情緒反應。

第十章　溝通技巧的心理學拆解

■ 信任感,是溝通的潤滑劑

心理安全感是溝通的前提。當人處在一個感覺被尊重、不會被羞辱的環境裡,就比較能坦率表達自己的想法,也比較願意接受不同意見。這個概念源自於哈佛教授艾美・艾德蒙森(Amy Edmondson)對「心理安全」(psychological safety)的研究,原本用來解釋團隊學習與錯誤容忍,後來也被廣泛應用於溝通互動領域。

人際溝通中,若缺乏心理安全,就算表面上互動頻繁,也只是「訊息流動」,而非「理解流動」。真正的理解,需要在信任與尊重的基礎上才能發生。

■ 我們常常高估自己的表達,低估對方的誤解

心理學研究發現,人們在溝通時常常會產生「透明幻覺」(illusion of transparency),也就是高估了自己訊息被理解的程度。你覺得你已經說得很明白,但對方根本沒接收到你真正的意思。

同樣地,還有一種叫做「詮釋過度」(overattribution)的現象。當訊息不夠清楚時,對方會傾向用自己的經驗或情緒填補空白,這也容易導致誤解。例如對方剛開完一場不愉快的會議,再收到你的訊息「我們得再開一次討論會」,就可能立刻聯想到:「是不是又要指責我哪裡沒做好?」

第一節　有效溝通的心理基礎

▇ 每一段對話，其實都帶著心理暗示

我們以為自己在說話，但其實我們是在建立關係。我們的語氣、用詞、語速、說話時的間距與順序，都在塑造一種「心理氣氛」。這個氣氛如果是安心的，對方就比較容易聽見；如果是帶著壓力或距離的，那麼再正確的訊息，也可能被誤解成威脅或挑釁。

因此，溝通不只是「我說了什麼」，而是「我說話的方式，讓對方感受到什麼」。

▇ 語言的意義，是雙方「共構」出來的

從心理學的觀點來看，語言的意義從來不是由單一方決定的，而是由「說的人」與「聽的人」共同建構。你說的話會被對方帶入他的生命經驗、信念與情緒裡進行詮釋，因此每一次的溝通，都是一場「心理拼圖」的重組過程。

公共關係的本質，也是在這樣的溝通中找尋一種平衡：既要有清楚的表達，也要有敏銳的理解，更要有建立信任的心理環境。

▇ 溝通的目的，是讓彼此靠近，而不是爭出對錯

溝通若只為了「說服」，那會是一場辯論；但若是為了「理解」，那才是真正的連結。有效的溝通不在於技巧多華麗，而在於你願不願意讓對方感受到：你不是只想被聽見，而是也想聽他怎麼想。

第十章　溝通技巧的心理學拆解

在這一點上，心理學提供了我們許多觀察工具與理解框架。而真正的挑戰，是在每一次對話裡，學會停下來想一想：「這段話，對方會怎麼理解？我想要他怎麼感覺？」

也許，這就是溝通最溫柔而深刻的起點。

第二節　傾聽不只是聽，是心理接收

■ 你聽見的，是對方的話，還是自己的想法？

在對話中，「傾聽」往往被認為是被動的行為，只要保持安靜就好。但實際上，傾聽是一種主動的心理參與。你不是單純接收聲音，而是在心裡「重組對方的世界」。真正的傾聽，不只是聽見內容，而是聽出對方的感受、意圖與潛臺詞。

心理學上稱這種理解為「主動式傾聽」（active listening），它不是在等對方講完才接話，而是全程投入在對方的語境中，甚至願意暫時放下自己的觀點，進入對方的心理框架裡。

■ 大腦會自動「過濾」你想聽的東西

人類並不是客觀的聽者。我們的大腦會根據先入為主的印象、自身立場、過往經驗來決定「要聽什麼、忽略什麼」。這就是心理學所說的「選擇性注意」（selective attention）與「確認偏

誤」(confirmation bias)。

當你早就認為對方是個難搞的同事時，你在聽他的話時，就會特別關注那些印證你看法的語句，忽略其他部分。你以為你有在聽，但其實你是在聽「你想聽的」，而不是對方真正想說的。

■ 真正的傾聽，是延遲你自己的判斷

心理學家卡爾・羅傑斯（Carl Rogers）主張，一段有治癒力的溝通關係，必須以「非評價式的理解」為核心。換句話說，在對方說話時，我們應該先停止分析、反駁與建議，而是單純地理解他此刻的處境與情緒。

這不代表放棄理性，而是讓「理解先於回應」。真正的傾聽，不是為了找到說話的機會，而是為了讓對方感覺「你真的有在聽我」。

■ 「你懂我」比「你贊成我」更重要

在心理互動中，最能建立連結的，不是意見一致，而是感受被接住。研究指出，當人感受到「被理解」，即使最終雙方結論不同，也會對彼此保有尊重與信任。

傾聽，就是創造這種「被理解的空間」。你不需要同意對方所有的話，但你可以認真聽完、釐清不懂的地方、重述你理解

第十章　溝通技巧的心理學拆解

的重點。這種「讓對方知道你有在理解他」的過程，本身就是一種情感價值的傳遞。

■ 我們其實都想被聽見，只是用錯了方式

很多溝通的衝突，其實來自於「沒有被聽見」的失落。當一方感覺對方只是敷衍、打斷、插話、轉移話題時，心理防衛就會升起，接下來的對話也很難再深入。

而反過來，當對方發現你真的在聽，甚至願意釐清他的觀點、感受他的立場時，他的情緒會逐漸放下，思路也更容易回到理性。這不是技巧，而是一種願意接住他人的心理姿態。

■ 傾聽也是一種「非語言的回應」

人在聆聽時的眼神、姿勢、呼吸頻率、甚至回應的時間差，都是一種訊號。心理學家艾伯特・麥拉賓（Albert Mehrabian）的研究指出，人在溝通中只有7%的訊息來自語言內容，其餘93%來自語調與非語言訊息。

傾聽的效果，不只是你聽到了什麼，而是你讓對方感覺到什麼。如果你的回應只是公式化的點頭與「喔」、「好」，對方會感覺你只是在完成一個動作；但若你能適時地點出對方情緒的轉折、停頓背後的意涵，那麼你就真正參與了這場對話。

■ 傾聽是一種讓人鬆下來的力量

傾聽，不是沉默，而是心理上的參與。它是一種尊重，也是一種關係的照顧。你越能真誠傾聽，對方就越有可能在你面前展現真實的自己。

而一場成功的溝通，不一定始於精彩的開場白，卻往往始於一段真正被聽見的沉默。

第三節　回應與重述：讓對方感受到「被理解」

■ 聽懂是一回事，讓對方知道你聽懂是另一回事

在溝通中，即使我們已經理解了對方的意思，若沒有適當表達出來，對方可能仍然感覺不到「被理解」。這個差距，就是心理連結與語言回應之間的落差。從心理學觀點來看，「理解」不是單方面的認知，而是一種雙向的確認感。

要讓對方知道你真的理解他，最有效的方式，就是「回應」與「重述」。這不僅是禮貌性的附和，而是一種心理參與的證明。透過回應與重述，對話雙方能更明確地校準彼此的認知，也能降低誤解與偏差的風險。

第十章　溝通技巧的心理學拆解

■ 重述不是重複，而是心理意圖的反射

「你是說，你覺得這樣的安排有點倉促，對嗎？」

這句話表面上看起來只是在確認內容，但實際上，它傳遞的是一種「我真的在聽」的訊息。這種方式在心理學上被稱為「反映性聆聽」（reflective listening），它強調的是聽者主動捕捉對方的情緒、用語與意圖，再用自己的話轉述回去。

這樣的回應有兩個作用：一是讓對方修正自己的表達（如果你誤會了，他會即時更正）；二是讓對方安心，知道自己不是在自言自語，而是有人「用心地接住了這段話」。

■ 適當的回應，是心理存在感的回饋

社會心理學指出，人們在溝通中除了傳遞資訊，也在尋求「存在的回應」。一個適時的點頭、一句精確的重述，甚至一個溫和的語助詞，都是讓對方知道：「你不是透明的，你的話有人在聽。」

這種心理存在感，是構築信任與情感安全的關鍵。當人覺得自己在對話中「被看見」，就更容易展現真實想法，也更願意接納對方意見。

第三節　回應與重述：讓對方感受到「被理解」

■ 反應越少，不代表你越專注

有時我們以為「安靜聽完」是傾聽的最佳表現，但如果在整段談話中毫無反應，對方反而會懷疑你是否有在聽。這並不是因為你不專心，而是因為缺乏心理上的「回音」。

有效的溝通，不只是理解，更是讓理解被感受到。這種被感受到的過程，往往需要透過語言與非語言的明確回應來完成。

■ 讓對方補充，而不是被打斷

好的回應，是為了讓對話持續，而不是為了插入自己的觀點。心理學研究指出，當對方正在表達複雜情緒時，若聽者過早提供建議，反而容易打斷對方情緒的釐清。

與其急著回應自己的意見，不如練習用「開放式重述」來邀請對方繼續說下去。像是：「你剛剛提到會擔心這樣的安排不夠穩定，可以多說一點嗎？」這種語句不只是延伸對話，更是創造心理安全感的話語框架。

■ 回應是情感的鏡子，不是語言的回音

我們不只是在對話中回應語意，更在回應情緒與人。你可以用同樣的語句說：「我懂了」，但如果語氣冷淡、眼神閃避，那對方可能感覺到的是「你在敷衍我」。

第十章　溝通技巧的心理學拆解

真正的回應,是一種心理同理的反映。它要求我們不只是「理解內容」,還要「接觸感受」。因為一段話能否走進人心,往往不是取決於說了什麼,而是對方在你身上感受到什麼。

■ 真正的理解,需要被感受到

有效的回應與重述,是溝通裡最被忽略,卻最有力量的環節。它能創造心理接觸、促進信任、避免誤解,最終讓溝通不只是完成任務,而是建立連結。

說出「我懂你」不難,但讓人真的覺得「你懂我」,那才是溝通裡最細緻也最關鍵的修練。

第四節　非語言訊息的潛臺詞

■ 我們真的能只靠說話來溝通嗎?

人在互動時,真正依賴語言本身的比例,其實比我們以為的還少。心理學家艾伯特・麥拉賓(Albert Mehrabian)的研究指出,在語言內容與非語言訊息出現矛盾、且訊息與情感態度有關時,溝通中的影響力約有 7% 來自語詞內容、38% 來自語調、語速與聲音表情,55% 則來自肢體語言、眼神接觸與臉部表情。

換句話說，我們所說的話，只是整體溝通中最表層的一部分。真正被感受到的，是那些沒有被說出來、卻不斷釋放的心理訊號。

語調和停頓，是情緒的聲音密碼

你有沒有遇過這種情況：明明對方說的是「我沒事」，但你卻覺得他其實情緒不穩？這正是語調與語氣所傳遞出的「隱性情緒訊號」。當人處於某種情緒狀態時，即使說出相同的字句，語速、音量、聲音的高低與停頓方式，都會不自覺地改變。

心理學稱這類非語言特徵為「副語言訊息」（paralanguage），它們並不直接說出內容，但卻能強烈暗示「我現在的心理狀態是什麼」。懂得辨識這些線索，就是看懂他人潛臺詞的開始。

眼神不是看著你，而是揭露自己

在面對面溝通中，眼神是最直接也最敏感的訊號。眼神是否對視、停留的時間長短、是否閃躲或飄忽，這些都是心理狀態的投射。社會心理學發現，當一個人處於焦慮、懷疑或羞愧時，眼神會自然避開對方視線；而當一個人感覺被尊重或有自信時，眼神則會自然停留且穩定。

有趣的是，很多人以為只要「看著對方」就是有在溝通，但其實眼神的方式與強度，才是傳遞訊息的關鍵。太強烈的對視，

可能造成壓迫；太飄忽的視線，則可能讓對方產生不被重視的感受。

▰ 肢體語言是在「說出你沒說的那一部分」

當我們說出一句話時，身體也在說出另一種語言。交叉雙臂、手指輕敲桌面、身體後仰或前傾，這些小動作看似無意，卻往往比語言更誠實。

心理學家亞倫・皮斯（Allan Pease）長期研究肢體語言，指出我們的身體會在潛意識層次對情境做出回應，這些反應會直接透露我們的態度。尤其在高張力或情緒敏感的談話中，肢體語言比語言本身更能反映真實感受。

▰ 非語言訊號也有文化密碼

值得注意的是，非語言訊息並不是放諸四海皆準。不同文化背景下，眼神、手勢與肢體空間的意義可能完全不同。在東亞文化中，過度的直視可能被視為挑釁；但在西方文化裡，眼神接觸則象徵誠意與信任。

這也代表，解讀非語言訊號時，不能只靠直覺，而要結合語境、文化與人物背景。如果忽略這些文化差異，可能就會錯誤詮釋對方的意圖。

第四節　非語言訊息的潛臺詞

■ 潛臺詞的關鍵在於「一致性」

溝通中最讓人感到困惑的，不是語言內容不清楚，而是語言與非語言訊號之間出現矛盾。當一個人說「我沒事」，但聲音低沉、眼神飄忽、身體退縮，接收者會出現心理不安，因為訊號之間「不一致」。

這種不一致會讓人下意識產生懷疑與距離感。相反地，當語言與非語言訊號一致時，訊息的可信度與情感的真實感都會大幅上升。

■ 真正的溝通，往往在話語之外

非語言訊息不只是溝通的「補充材料」，它是情緒、態度與心理狀態的載體。懂得觀察並調整自己的非語言訊號，也懂得讀懂對方未說出口的話，才是真正能掌握溝通主動權的人。

語言會說謊，但身體不會。真正的溝通力，來自於你是否能在無聲之處，聽懂對方的心理暗號。

第五節　肢體語言與心理解讀

你的身體正在替你說話，只是你沒發現

當我們進行溝通時，往往專注在「怎麼說」與「說什麼」，但其實，我們的肢體早已先一步說出許多訊息。從心理學角度來看，肢體語言是一種無意識的情緒與態度展演，它真實、即時，甚至比語言還誠實。

人類大腦中負責語言的皮質區與控制肢體動作的區域是分開的，這也讓我們在面對突發情緒時，往往還沒來得及組織語言，身體就已經先表達出來。因此，肢體語言其實是一種「提早發聲」的訊號系統。

動作背後，是心理狀態的投影

心理學家朱利葉斯・費斯特（Julius Fast）在《身體語言》（*Body Language*）一書中提到，手勢、姿態、距離感、臉部表情，都是人際互動中最自然的心理反射。例如：

- 雙手抱胸，可能代表防禦、緊張或不認同
- 身體前傾，通常象徵興趣與投入
- 雙手插腰，可能是主控姿態，也可能代表不耐煩
- 頻繁觸碰自己，則常見於焦慮或不自信

這些姿態不只表達一種態度，也會影響對話的節奏與對方的情緒回應。換句話說，肢體不只是輸出工具，也是情緒交流的雙向介面。

鏡像反應：我們的身體在不知不覺中同步

當兩個人互動良好時，他們的身體會出現「鏡像同步」現象，也就是無意識地模仿對方的坐姿、手勢、語調甚至呼吸節奏。這種現象在心理學上稱為「姿態模仿」（postural echo），是人際親密感建立的重要指標。

姿態模仿並不是刻意模仿對方，而是一種源自腦中「鏡像神經元」的自然反應。這些神經元會在觀察他人動作時自動被激活，幫助我們理解對方的情緒與動機。換句話說，我們的身體，會為了建立關係而自動「調頻」。

讀肢體語言，也要避免過度解讀

雖然肢體語言能透露很多訊息，但也要小心不要過度詮釋。人的行為受多種因素影響——像是個人習慣、身體狀況、文化背景等，都會改變動作的意義。

例如：有些人手插口袋是因為冷，有些人抱胸只是單純舒適；有些文化鼓勵身體接觸，有些文化則視之為侵犯。在判讀他人肢體語言時，應該綜合語言內容、情境氛圍與過往互動，避免單一動作就下結論。

第十章　溝通技巧的心理學拆解

■ 你的肢體，是對方解讀你誠意的依據

我們在溝通時常以為「把話講清楚就好」，但對方其實更在意你「說話的方式」。如果語言充滿誠意，肢體卻透露出距離與抗拒，那麼整體訊息仍會被判定為「不可信」。

一場會議中，你是面對著對方說話，還是邊看手機邊點頭？你是用穩定的語調說「我理解你的想法」，還是邊退後邊說「我理解」？這些細節，會影響對方是否覺得你「真的在聽」。

■ 提升肢體語言覺察的三個練習

1. 錄影自我對話

模擬與他人溝通的情境，錄下自己的表情與動作。回看時，你會發現自己不自覺的口頭禪、眼神飄移或不一致的肢體信號。

2. 觀察別人的反應

練習從對方的肢體語言判斷他們的情緒，例如點頭的頻率、是否微微前傾、是否顯得分心。這能提升你對互動的敏感度。

3. 刻意練習一致性

在重要對話中，先想清楚你希望傳遞的情緒（例如支持、鼓勵、同理），再調整你的姿態與語調，讓訊息內外一致。

■ 說話之前,你的身體已經在溝通

肢體語言是一種無聲的語彙,它反映了我們的情緒、態度與關係定位。它不只是在強化語言訊息,更常常在語言還沒說出口之前,就已經決定了對話的氛圍。

懂得使用與解讀肢體語言,是讓你在溝通中更有說服力、更能被信任的一項心理能力。

第六節　對話的節奏與掌控感

■ 溝通不是接力,而是一場節奏的舞蹈

在對話中,除了內容與語氣,節奏往往決定了彼此的舒適感與理解深度。太快,會讓人覺得壓迫;太慢,則可能讓人感到停滯與不耐。真正有掌控感的溝通,不是語速快慢的問題,而是節奏與關係之間的協調。

心理學家指出,注意力資源是有限的,而節奏會直接影響我們的專注程度與情緒穩定。對話的節奏調控,其實就是在管理彼此的心理負荷與互動期待。

第十章　溝通技巧的心理學拆解

▌為什麼節奏會決定我們的參與感？

節奏不只是「講快一點」或「慢下來」那麼簡單，而是指說話者與聽話者之間交換訊息的頻率與節點。當對話節奏恰當，雙方會感覺「我們在同一個頻道上」。反之，節奏不對，就像兩個人跳舞踩不到同一個拍子，久了自然會想中止互動。

人在感受到節奏同步時，大腦會釋放更多催產素（oxytocin），這是一種與信任與連結有關的激素。也因此，節奏其實不只是技術問題，更是一種「心理同步」的指標。

▌誰掌控節奏，誰就掌握主導權？

在多數對話中，節奏其實透露了權力分配。領導者、主持人、甚至在情感關係中占主導的一方，往往能決定說話與停頓的節奏。例如：有些人說話一氣呵成，不留空隙讓對方插話，這是一種壓倒性的節奏主導；也有些人用反覆提問或延長沉默來牽動對話的主題方向。

這種「節奏操控」在心理學上可視為一種語用策略（pragmatic strategy），它不直接改變內容，但卻能影響對方的回應形式與參與意願。懂得善用節奏的人，往往不需提高聲量，也能有效掌握對話主軸。

第六節　對話的節奏與掌控感

■ 掌握節奏的關鍵，在於你敢不敢停下來

我們往往以為溝通要流暢，就不能有停頓。但事實上，有意識的停頓，是溝通中的高階技巧。它能創造思考空間、引導注意力，甚至加強語意的重量。

在演講或談判中，刻意的停頓能讓關鍵詞彙「被聽見」。在情緒化對話中，停頓則是一種緩衝，讓彼此重新組織語言與情緒。正因為人對沉默有本能的不安，能自在地運用停頓的人，才是真正有節奏掌控力的人。

■ 節奏也是一種尊重：讓對方有空間說完

節奏掌控不是為了壓過對方，而是為了讓彼此能順利進出對話的節點。許多溝通問題來自於「打斷」與「搶話」：當一方還在組織語言，另一方就已經插話回應，這會讓人產生挫折與退縮。

因此，好的節奏控制者，會細緻觀察對方的語句尾音、呼吸節奏與非語言提示，確認對方已表達完成再接話。這種「留白的敏感度」，就是心理安全感的重要來源。

■ 節奏感也能練習出來嗎？

節奏掌控是一種可以透過練習培養的心理覺察力。以下是三個實用的練習方式：

第十章　溝通技巧的心理學拆解

- 重聽自己的錄音：聽聽自己在對話或簡報中的說話節奏，是否太快、太連續或缺乏停頓。
- 練習「一秒回應法」：在每次對話中，強迫自己在回應前停一秒，觀察對方的反應變化。
- 跟讀節奏感強的演講：模仿 TED 演講者的語調、停頓與強調點，培養節奏感。

■ 節奏是一種關係的流動感

節奏讓語言有了生命，也讓關係有了空氣。真正的掌控感，不是你講得多順，而是你是否能讓彼此都感到自在。

學會觀察、調整並尊重對話的節奏，是溝通中最被忽略卻最關鍵的能力之一。當你開始練習與人「合拍」，你就真正踏上了理解他人與被理解的路上。

第七節　如何讓人覺得你「很會說話」？

■ 不是話術，而是心理上的「被照顧感」

當我們說某人「很會說話」，真正的意思往往不是他說得多聰明，而是他說的話讓我們「感覺很好」。從心理學角度來看，這種「會說話」的印象，並非來自語言技巧本身，而是話語帶來

第七節　如何讓人覺得你「很會說話」？

的理解感、尊重感與被接納感。

「很會說話」其實是一種情境反應的智慧。它不靠話術，而是依賴對人際情境、心理氛圍與情緒細節的敏銳度。說得再漂亮，若對方感覺不到被理解，也難稱「會說話」。

你說的內容，其實不是重點

研究指出，人們回憶一段對話時，最記得的不是具體內容，而是「那個人讓我覺得怎麼樣」。作家馬雅・安傑洛（Maya Angelou）曾說：「人們會忘記你說了什麼，但永遠不會忘記你讓他們有什麼感覺。」

會說話的人懂得這個道理。他們會先「顧到對方的情緒」，再進入內容討論。這不代表要討好或壓抑自己，而是懂得調整說話方式，讓對方願意打開心理防線，聽進接下來的話。

先理解情境，才能說出對的話

心理學強調語境對溝通的影響力。所謂「同一句話，不同場景有不同效果」，說得好不好，關鍵常常在於「有沒有說在當下情境的節奏與情緒上」。

舉例來說，在對方剛失敗後立刻說「其實你也學到很多啊」，即使出於善意，也容易被視為敷衍或輕忽。但若換成「我知道你現在一定很懊惱，要不要先一起沉澱一下？」則能營造被接住的

氛圍,再視情況進一步談支持與鼓勵。

會說話的人,往往先讀懂氣氛,再決定該怎麼表達,甚至知道「現在該閉嘴」。這種對場景的敏感度,是心理覺察的一種實踐形式。

■ 選對語言框架,比說什麼更重要

心理語言學指出,人們對語言訊息的接受度,受到「框架效應」(framing effect)影響極大。也就是說,同樣的意思,用不同方式表達,效果會天差地遠。

例如:「這份提案的架構需要改」與「這份提案如果強化開場邏輯,會更有力」在語意上接近,但前者容易引發防衛,後者則較具建設性。會說話的人不只是改變措辭,而是選擇一種讓對方能保有自尊、願意合作的表達方式。

這類說話框架的微調,其實是一種心理照顧,是一種無聲的溝通情商。

■ 善用「雙向語句」創造對話空間

很多人說話只在傳遞資訊,會說話的人則擅長創造連結。他們會使用「雙向語句」,讓話語成為邀請對方參與的橋梁。

例如:「這是我的看法,不知道你怎麼看?」或「我覺得這樣安排比較妥當,但也想聽聽你的意見」這樣的語句,既能清楚

第七節　如何讓人覺得你「很會說話」？

表達立場，又能保留對話空間。

這不只是禮貌，而是對話心理安全的設計。讓對方願意開口，是讓溝通真正發生的關鍵。

■ 你的聲音語調，就是你的溫度

說話不只靠內容，更靠聲音傳遞感覺。語調過高可能讓人感覺緊張，語速太快可能讓人感到壓力，聲音缺乏起伏則可能顯得冷淡或無趣。

會說話的人會根據對話的情境調整語速與語調，用穩定而具韻律感的聲音說話。這種聲音控制不必誇張，重點是讓對話聽起來更舒服。

舒服，才是溝通中最強大的說服力。

■ 會說話，是一種心理的在場感

「會說話」不是能言善道，而是能在人與人的縫隙之間，創造一種彼此理解的場域。它需要的是情緒覺察、關係感知與語言選擇的細膩度。

當你能讓人覺得「和你說話很舒服」、「你真的懂我在講什麼」，你就是那個「很會說話的人」。

這不是話術，而是用心理學打造的說話溫度。

第十章　溝通技巧的心理學拆解

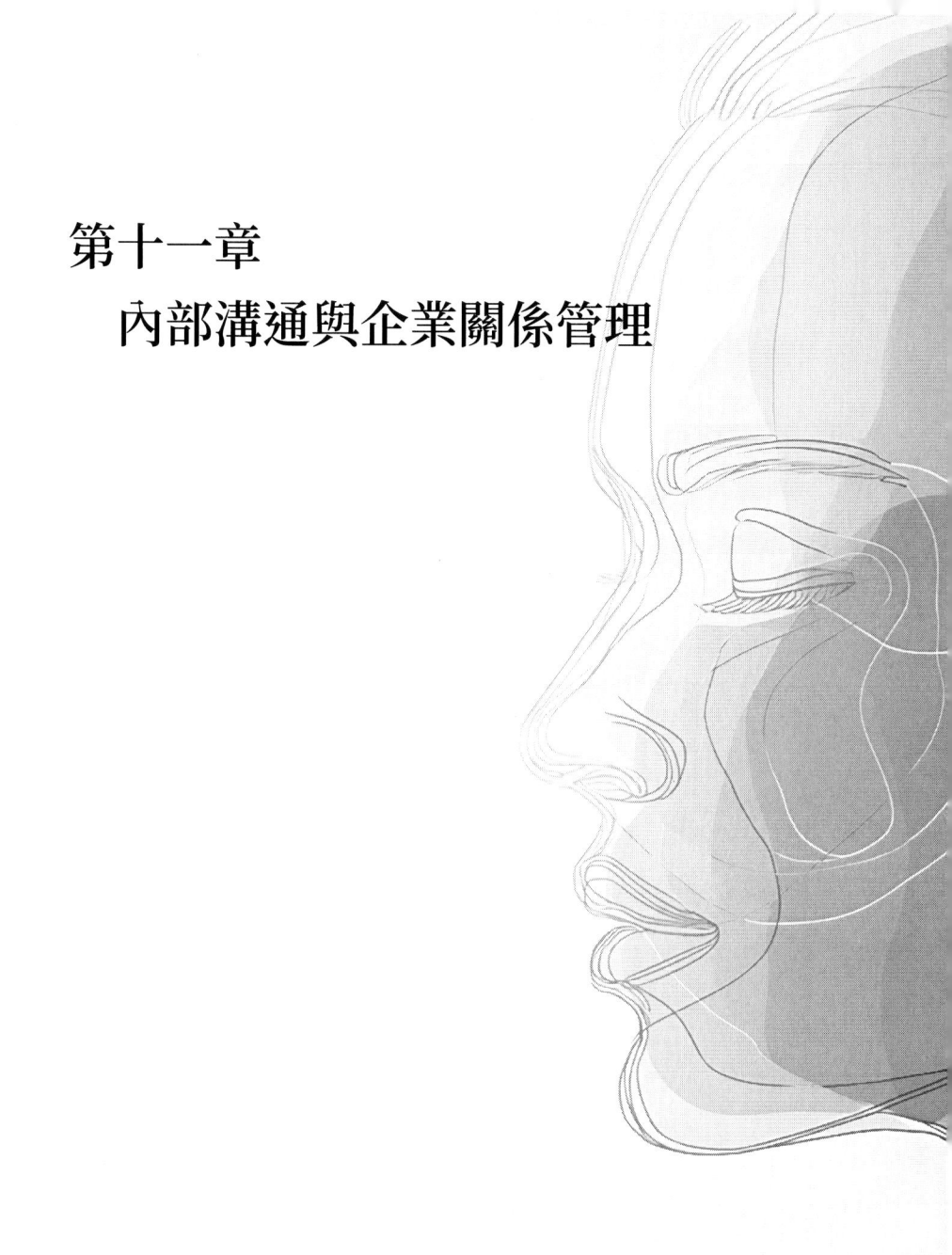

第十一章
內部溝通與企業關係管理

第十一章　內部溝通與企業關係管理

第一節　公司不是機器,是由人組成的網絡

公司文化的本質,是人際關係的總和

我們常說要「優化組織流程」、「提高營運效率」,這些語言讓企業看起來像一個精密機器。但在心理學的視角裡,組織從來不是齒輪堆砌出來的工業結構,而是一群人彼此互動後形成的動態網絡。

每一封信件、每一場會議、每一次沉默或對話,都是網絡中一條條看不見的線。這些線交織出關係的密度與方向,也形塑了企業文化的溫度與強度。說到底,公司不是制度,而是關係的堆疊。

組織的溝通問題,往往不是技術問題,而是信任問題

管理學家艾德・夏恩(Edgar Schein)曾指出,企業文化的核心在於「共享假設」。這些假設不會寫在公司制度裡,卻深藏在員工之間的日常互動中。

當一個新同事加入後快速察覺「這裡不能直接反駁主管」、「大家私下才說真話」,那其實就是企業真實文化的展現。換句話說,員工不是在照SOP工作,而是在解讀這家公司「允許什麼、不允許什麼」。這一切,靠的是一層又一層人際連結的默契。

第一節　公司不是機器，是由人組成的網絡

■ 你與誰溝通，比你說什麼更重要

在企業裡，我們很容易將溝通當作流程工具──把訊息傳達出去就好。但心理學研究告訴我們，有效的溝通不只是資訊的流動，更是關係的展現。

例如：同樣一封通知信，如果是由信任度高的部門主管發出，員工的接受度與配合度會遠高於一般行政窗口。這不是文筆的問題，而是「訊息的來源」代表了「我是否被重視」的感覺。

也因此，企業內部的溝通策略，不能只問「怎麼說」，更該問「誰來說」。

■ 企業網絡的強度，決定了文化的韌性

組織理論學家卡爾·威克（Karl Weick）提出「感知行動」（Sensemaking），認為組織裡的人會透過互動中的意義建構來解讀現實。也就是說，組織不是透過規章維持秩序，而是透過人與人之間「怎麼理解事件」來形塑反應。

當企業面臨突發事件或轉型壓力時，真正影響穩定度的，不是危機本身，而是這個組織裡有沒有足夠強韌的信任網絡、非正式溝通管道與心理支持機制。這些東西無形，卻是企業真正的韌性所在。

第十一章　內部溝通與企業關係管理

■ 資訊流不是向下的，而是向內的

一個典型的錯誤觀念是認為「只要高層把話說清楚，底下就會聽懂」。但心理學提醒我們，訊息不會自動轉化成理解，除非它有被接收的意願與空間。

在實際企業運作中，很多重要訊息之所以無法產生效果，是因為組織中層與基層缺乏「心理接收頻道」。也就是說，如果員工覺得這段話「跟我無關」、「我說了也沒用」，那再多的溝通也是白費。

所以，有效的溝通網絡，不在於權限劃分清不清楚，而在於人與人之間「是否有互動的心理習慣」。

■ 建立「心理連結點」，比流程圖更重要

在心理學上，有一種稱為「社會資本」（social capital）的概念，指的是一個群體內部成員彼此信任、共享資源的程度。企業若能讓部門之間產生足夠多的心理連結點，那麼遇到問題時自然會有人「主動跨部門協調」，而非「等主管發話」。

這些連結點的建立，需要日常互動、共同經歷與情感累積。它們無法強制安排，但可以有意識地設計，例如跨部門任務、非正式聚會、或在日常會議中保留「互相理解」的空間。

公司是人與人之間的理解網絡

企業組織就像一張動態編織的網,節點是人,線是互動。若沒有足夠的信任連結與心理默契,再精密的制度也無法讓訊息流通。

要打造真正健康的組織溝通文化,第一步不是修改流程圖,而是重新看見這張網:你與誰連著、彼此怎麼互動、我們是否願意真誠地說話與傾聽。

那才是溝通真正的起點。

第二節　同仁滿意度的心理驅動力

滿意不是福利的總和,而是心理狀態的展現

當我們談員工滿意度時,許多企業第一時間想到的是加薪、升遷或福利。但心理學的觀點提醒我們,滿意不只是「擁有了什麼」,而是「感受到什麼」。員工是否感覺自己被尊重、被理解、被當作有價值的一分子,才是構成真正滿意的心理基礎。

美國心理學會(APA)研究指出,影響員工工作滿意度的五大心理要素包括:自主感、關係感、成就感、公平感與心理安全。這些要素看似抽象,卻比任何績效獎金來得長久有力。

第十一章　內部溝通與企業關係管理

■ 自主權是現代員工的核心需求

在自我決定理論（Self-Determination Theory）中，心理學家愛德華・迪西（Edward Deci）與理察・瑞恩（Richard Ryan）認為，自主性是人類基本心理需求之一。當員工被允許參與決策、自己安排工作流程，或在一定範圍內擁有選擇權時，他們的滿意度與內在動機會顯著提升。

反之，若管理方式過度指令化、只重執行不重參與，員工即使有不錯的薪水，也可能產生「心理疏離感」。這種缺乏控制感的狀態，長期下來會侵蝕投入感，甚至導致離職。

■ 關係感是組織文化的情感基底

一個人在職場中是否感到被接納、與同事是否有信任基礎，是決定其心理穩定與留任意願的關鍵。當企業能提供正向人際互動的環境，例如公開表揚、團隊支持或非正式交流機會，員工的關係滿足感也會隨之提升。

這正是社會連結理論（Belongingness Theory）所揭示的：人類本能地渴望歸屬感，而企業文化是否能營造「這裡是我可以放心存在的地方」，決定了員工是否願意長期留下。

■ 成就感不來自頭銜，而來自「被看見」

許多研究顯示，成就感的來源並不單純是升遷或加薪，而

是「我做的事有價值,而且有人看見」。當主管願意針對具體貢獻給予即時且具體的回饋,員工的自我效能感(self-efficacy)會大幅上升。

心理學家亞伯特‧班度拉(Albert Bandura)指出,自我效能是人們對自己完成任務能力的主觀信念。這種信念若能在職場中被不斷強化,就能激發員工主動承擔責任、追求成長,形成正向循環。

■ 公平感影響對組織的忠誠度

在「組織公平理論」(Organizational Justice Theory)中,心理學家約翰‧蒂柏(John Thibaut)與勞倫斯‧沃克(Laurens Walker)指出,員工對公司制度是否公平的感知,會直接影響其忠誠度與信任感。

無論是升遷、獎勵還是任務分配,只要缺乏透明機制或解釋機會,都容易讓人產生「被忽視」或「不被尊重」的感受。相反地,當制度被認為是合理與一貫的,即使結果不如預期,員工仍會維持對組織的信任。

■ 心理安全是創造滿意的隱形基石

所謂心理安全,指的是個體在組織中感覺「我可以提出不同意見、不怕出錯、也不怕被嘲笑或懲罰」。這是團隊創新與持續

第十一章　內部溝通與企業關係管理

學習的前提，也是不少企業文化想達成卻常被忽略的基礎。

如果員工習慣對上保持沉默、對錯誤保持隱瞞，企業將無法真實掌握問題核心，也難以培養出「勇於承擔」的團隊文化。心理安全不是氛圍問題，而是管理結構與回應習慣所累積出的心理結果。

■ 真正的滿意感，來自「被當成完整的人」

企業若只看員工的績效表現，而忽略他們身為「人」的心理需求，滿意度就無法真正建立。真正健康的職場，是讓人不只完成任務，還能保有人格尊嚴與內在動力。

當我們不再只問「他做了什麼」，而是開始關注「他感覺怎麼樣」，才算踏上了員工滿意度管理的正軌。

第三節　權力關係與心理安全感的建立

■ 階層不是問題，失衡才是問題

所有組織都存在某種形式的權力結構，從主管到基層，從決策到執行，這是運作所需的制度安排。但權力本身不會破壞安全感，真正造成問題的，是當權力使用變得失衡、不對等，或無法被挑戰時。

第三節　權力關係與心理安全感的建立

心理學家艾美・艾德蒙森（Amy Edmondson）提出「心理安全感」的概念，指出一個人若覺得在組織中表達意見、提出異議或坦承錯誤會被懲罰，那麼心理安全感就不存在。這種氛圍不一定來自明顯的打壓，更多時候是來自隱性的壓迫：例如「我說了也沒用」、「這裡不適合出頭」。

■ 上對下，不等於壓對弱

權力是一種資源，不一定意味著控制或壓迫。在健康的組織中，權力應該是用來支援而不是壓制。當主管懂得運用自身權力來開放空間、建立信任、承擔風險，員工就會感覺這個權力是「讓我可以更安心發揮」的存在。

相反地，若權力只用來命令與監控，或當作懲罰的工具，那麼即便制度再民主，員工依然不會主動參與。

■ 控制感的來源，在於「可以表達」

心理安全感的建立，不是來自完全平等，而是「我知道我可以說」。當員工知道自己的聲音會被聽見，即使未必被採納，也會感覺被尊重。

心理學家卡爾・羅傑斯（Carl Rogers）指出，個體若能在沒有評價的環境中自由表達，就能釋放自我潛能。這在組織裡意

味著，我們是否創造出一種「不怕說錯話」的文化？是否允許基層質疑流程、允許新進挑戰傳統？

■ 微權力現象，是壓抑感的主要根源

在組織中，權力往往不只展現在制度層面，更多時候來自「微權力」（micro-power）：像是誰有發言權、誰的建議會被聽進去、誰說話大家會安靜、誰一開口就被打斷。

這些日常互動的細節，看似瑣碎，卻形塑了「誰有心理安全感，誰沒有」。研究發現，女性與少數族群更容易在這種隱性權力結構中失聲。若組織不意識到這種不對等，就難以讓每位成員真正自在發聲。

■ 安全感不是說出來的，是經驗出來的

許多企業高喊「我們鼓勵發言」、「這裡沒有所謂高低位階」，但若在實際會議中只有少數人發言、提出不同意見的人被冷處理，那麼這些標語反而會變成一種諷刺。

心理安全感的建立需要一致的行動經驗累積：當錯誤被視為學習契機、當部屬反駁主管被認為是洞察、當沉默被鼓勵轉為表達，這些日積月累的經驗，才會讓人真的相信：「我可以說」而不是「我應該閉嘴」。

▎讓權力成為信任的工具,而非距離的來源

權力本身並非原罪,它只是放大組織文化的一面鏡子。若文化鼓勵對話與理解,那權力會成為照顧與支持的能量來源;但若文化容忍壓抑與沉默,那權力就會成為隔閡與懼怕的象徵。

真正高效的團隊,不在於扁平化,而在於讓每一層級都能有「表達的自由」與「被聽見的可能」。唯有如此,心理安全感才能在權力框架下真正長出來。

第四節　領導的信任感從哪裡來?

▎信任不是職位附贈的,而是互動累積出來的

許多領導者誤以為,升上主管後,信任感就會隨之而來。但心理學提醒我們,信任是一種「關係品質」,與職位本身無關。它來自日常中的細節,是一點一滴的承諾兌現、言行一致與尊重回應的累積結果。

心理學家指出,信任感的核心來自三個元素:能力(competence)、正直(integrity)與關懷(benevolence)。這三者缺一不可 —— 你可以很有能力,但若被認為只為自己著想,信任仍然無法建立。

第十一章　內部溝通與企業關係管理

■ 能力：你說的話能做到嗎？

員工對領導者的第一層信任，來自於「你是否能處理好工作」。當主管做決策果斷、能清楚設定方向並提供資源支持，基層自然會認為「跟你合作有安全感」。

這種信任不是來自親切感，而是基於專業的信賴。心理學中稱為「認知型信任」（cognitive trust），它源自對方的能力與判斷力。如果主管經常說一套做一套、決策反覆，這種信任就會迅速瓦解。

■ 正直：你做事是否有原則與一貫性？

信任的第二層，來自對主管行為的一致性觀察。所謂「說話算話」、「不偏不倚」，就是員工對主管是否正直的評價來源。

組織心理學家指出，若主管的行為模式穩定、處事有邏輯，即使做出困難決定，員工也較容易接受。反之，若主管常根據心情變動決策、或只對特定員工寬容，則會產生不公平感，進而破壞信任基礎。

■ 關懷：你在乎的是人，還是結果？

最深層的信任，來自於「你是否真的關心我這個人」。心理學家保羅・扎克（Paul Zak）研究指出，當領導者能主動表達關

心、傾聽員工困難、提供情感支持,員工對組織的忠誠度與工作投入感會顯著上升。

這是所謂的「情感型信任」(affective trust),是超越理性層次的信任關係。尤其在高壓、變動的環境下,員工更需要感覺到領導者不只是任務分派者,更是能理解他們處境的支持者。

建立信任的關鍵,是持續而真誠的互動

領導者不能只在績效不佳或組織轉型時才強調信任,那樣只會被視為策略性說法。真正的信任是透過日常互動累積的,包括每一次會議的回應語氣、是否記得員工的名字與背景、是否在私下給予支持與讚賞。

信任不是一場溝通演出,而是一種真誠生活在一起的狀態。這需要時間,但只要持續存在,就能成為最穩固的領導基礎。

信任,是領導者與團隊之間的心理橋梁

在現代組織中,領導力不再只是來自於權威與命令,而是來自於一種讓人願意跟隨、願意相信的心理連結。信任是這條連結上最關鍵的橋梁。

當主管能同時展現能力、正直與關懷,他所建立的不只是管理上的穩定,更是一種讓人安心、願意承擔與共同前進的心理條件。

第十一章　內部溝通與企業關係管理

第五節　員工關係裡的社會交換理論

▋ 關係不是單向給予，而是交換的心理平衡

在組織裡，員工與雇主、主管與部屬之間的互動，往往不只是制度上的任務分配，更是一種心理層面的交換關係。這正是社會交換理論（Social Exchange Theory）在職場中的應用──每一段關係的穩定與否，取決於雙方在情感與資源上的「交換感受」。

社會交換理論由社會心理學家彼得·布勞（Peter Blau）與喬治·霍曼斯（George Homans）提出，主張人際互動背後皆隱含成本與報酬的考量。我對組織投入時間與努力，自然期望獲得尊重、認可或支持；當我感覺「付出多、得到少」，就會產生心理不平衡，進而降低投入，甚至萌生離開的念頭。

▋ 交換不只有金錢，更包含情緒與尊嚴

在企業實務中，我們太習慣將回報視為薪資獎金，但社會交換理論提醒我們，員工在意的不只「我拿多少錢」，更在意「我被怎麼對待」。主管一句肯定、一次公開讚賞、一場認真傾聽的對話，對員工來說都是重要的心理報酬。

相反地，若組織忽略這些非物質層面的互動，即使提供再

多獎金,也可能換不到員工的忠誠與熱情。因為他們感覺不到「這裡在乎我的價值」。

▊ 投入－回報比,是員工衡量關係品質的基準

根據社會交換理論,每個人都在無意識中計算「我投入了多少、回報了多少」。這不是斤斤計較,而是一種內在公平感的需求。心理學家亞當斯(J. Stacy Adams)稱之為「公平理論」(Equity Theory),指出當員工覺得自己的投入與回報與他人相比不對等時,會產生「交換失衡」的不滿。

這種不滿會表現在多種行為上 —— 降低投入、拖延執行、被動應付、甚至消極抵抗。而一旦這種交換失衡的感受被長期忽視,便會侵蝕整個組織的信任與穩定度。

▊ 交換關係的基礎是「互惠而非利用」

社會交換理論強調,健康的交換是「我願意給,因為你也會給」。這與操作式利用不同,後者是在有目的地榨取他人資源;而真正的互惠是建立在尊重與自願基礎上的心理契約。

當員工覺得主管願意挺他、在他出錯時不立刻責難,那麼在主管需要幫忙、團隊遇到難關時,他也會更願意主動承擔。這就是交換關係中「信任資本」的累積。

第十一章　內部溝通與企業關係管理

■ 心理契約的違約,會比制度違約更傷

所謂心理契約(Psychological Contract),指的是員工心中對組織的期待與承諾想像。例如:「我努力工作,組織會照顧我職涯」、「我忠誠對待公司,公司會在我困難時挺我」。這些未必寫在合約裡,卻是維繫員工動力的關鍵信念。

而當組織做出與期待不符的行為(例如裁員過程冷血、升遷完全無解釋),就等於違反了心理契約。這種違約感會大幅降低員工信任,且很難單靠制度或口號修補。

■ 從「交換思維」出發,打造正向關係網絡

當我們承認關係是一種交換,就能更有意識地經營它。主管可以定期觀察團隊成員的心理回饋感 —— 他們是否覺得努力被看見?是否覺得關係是雙向的?

而企業也應設計出能觸及心理層次的激勵方式,例如:跨部門合作的感謝儀式、同仁互評的公開鼓勵、錯誤承擔後的正向修復機制。這些都是在累積正向的交換印象,強化「我願意,因為這值得」的內在動機。

■ 好關係,都是「給與回應」的共識

社會交換理論讓我們理解,員工不是冷冰冰的績效單位,而是有感受、有期待的人。他們不只衡量自己做了多少,也在

意自己被怎麼對待。

當我們願意從交換的角度重新看待員工關係，企業就不再只是管理的機器，而是一個活生生的、由互惠組成的心理網絡。那才是留住人心的真正關鍵。

第六節　危機內部通報的心理效益

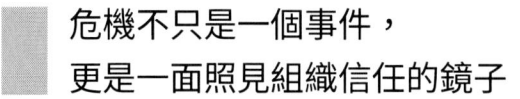

危機不只是一個事件，更是一面照見組織信任的鏡子

在企業管理的實務中，「危機通報」常被視為一種制度流程——該通報給誰、多久內通報、用什麼表單。但從心理學角度來看，危機通報其實是一種高度情緒化的行為選擇。員工是否願意第一時間揭露問題，往往不是出於制度，而是取決於「我有沒有心理安全感」。

心理學家艾美·艾德蒙森（Amy Edmondson）指出，心理安全感指的是「人們願意在他人面前表現脆弱，而不擔心會被懲罰或羞辱」的感受。在危機發生時，這種安全感就成了內部通報機制能否啟動的關鍵觸媒。

第十一章　內部溝通與企業關係管理

■ 你給的不只是通報管道，而是心理避風港

企業或許早就設計好危機回報表單或內部平臺，但若員工覺得「報了也沒人理」、「報了還要被責怪」、「報了會留下紀錄影響升遷」，那麼這些通報機制再完善也形同虛設。

真正有效的危機通報，仰賴的是一個讓員工相信「說出來是被支持的，而不是被審判的」心理場域。這需要領導者不僅承諾不懲罰，更在平日中不斷示範：「我們歡迎問題，而不是隱藏問題。」

■ 第一時間願意通報，是心理信任的表現

研究指出，在危機初期的資訊空窗階段，越早的通報能越快阻止問題擴大。換言之，資訊能否在第一線被揭露，決定了危機是否能被控制在萌芽階段。

而第一線人員之所以選擇「要不要說」，背後不是流程問題，而是心理選擇。他是否相信主管會挺他？他是否覺得講出錯誤會被尊重？這些心理線索才是通報啟動的開關。

■ 錯誤與問題被揭露，代表組織健康

很多企業將「沒出事」視為管理績效的象徵，卻忽略了這可能是「沒人敢說」的結果。心理學提醒我們，真正健康的組織，不是從不出錯，而是出錯能被說出來，並能快速修正與學習。

第六節　危機內部通報的心理效益

危機通報制度若能正常運作，代表組織裡存在基本的心理信任與回應機制。它反映的不只是制度執行力，更是組織文化的成熟度。

危機是信任的考場，也是文化的試金石

一場危機發生時，領導者的第一反應會被所有人記下。你是馬上找戰犯，還是先安定人心？你是先開懲處會議，還是先設法理解脈絡？

這些反應決定了之後員工會怎麼看待「發生問題」這件事。若危機處理變成指責與隔離，那麼下一次員工就會選擇沉默。反之，若通報者被保護、被肯定，組織將逐步累積「出錯可以說」的文化強度。

設計「通報後的支持機制」比制度更關鍵

一旦有人勇敢說出問題，後續處理方式會決定這個制度的存亡。是否有冷靜的陪伴、是否有非懲罰式的調查、是否有跨部門的協調支援，這些都在影響「下次大家還會不會說」。

通報本身只是起點，真正建立心理效益的是通報後的經驗。如果通報等於自我揭露風險，久而久之將沒人願意站出來。若通報成為信任與共創的開端，這會是組織最強大的學習資產。

第十一章　內部溝通與企業關係管理

■ 危機處理，不只是行動，也是一場集體心理鍛鍊

危機內部通報不只是技術性問題，而是心理信任機制的總體展現。它考驗的不只是制度有多完整，而是文化有多寬容、領導者有多真誠、員工之間有多願意相信彼此。

當我們願意用心理學角度重新設計危機通報，不再只看流程，而是關心人在其中的感受與決策動機，企業就會發現：每一次說出問題的勇氣，其實都是通往更成熟組織的契機。

第七節　從內而外打造健康的組織溝通文化

■ 溝通文化不是喊口號，而是每天如何說話與聆聽

許多企業推動溝通改善時，會從辦活動、開講座、訂指引著手，這些措施固然有幫助，但真正改變人與人之間的對話風格，靠的不是一次性方案，而是內化於日常的心理習慣。

在心理學中，「文化」是指一群人共享的行為模式與價值預設。當我們說一家公司「溝通風氣很好」，其實是指：這裡的人能自在說話、願意傾聽、彼此回應。這樣的風氣不是訓練出來的，而是被「感受」出來的。

第七節　從內而外打造健康的組織溝通文化

■ 內部語氣,決定外部形象

企業常說要「塑造品牌形象」,但往往忽略了:內部的溝通方式,就是品牌的根基。如果員工之間充滿猜疑、權責模糊、話語保守,那麼外部所呈現的品牌語言,很難不帶有防衛與制式。

反之,當內部溝通充滿信任、支持與即時互動,那麼品牌的語言風格自然就會展現流暢、真誠與關懷的氣質。這就是心理學所說的「內外一致性」:內部關係的品質,會自然滲透到外部形象中。

■ 從制度設計到心理語境,全面思考溝通環境

打造健康的組織溝通文化,不能只靠部門間配合或主管發話頻率,還需要整體環境的心理設計。例如:是否有正式與非正式溝通的空間?會議上誰能說話、誰經常被打斷?是否有足夠的情緒緩衝區域?這些都在形塑員工的表達習慣與參與意願。

心理學家庫爾特・勒溫(Kurt Lewin)強調,行為是個體與環境的交互作用。當組織環境鼓勵表達、容許不同聲音、提供適當的情緒支援,健康的溝通文化才有可能自然生長。

■ 主管的溝通風格,是文化的範本

研究發現,員工最主要的溝通模仿對象,是直接主管。當主管能展現開放提問、正向回饋、面對衝突時願意協調的態度,

第十一章　內部溝通與企業關係管理

團隊成員也會逐步養成類似的語言與情緒處理風格。

這種「上行帶動下行」的心理效應，意味著主管不只是任務管理者，更是文化實踐者。換句話說，主管說話的方式，就是企業文化的語法。

■ 溝通文化的修復，也是一種集體療癒

有些企業歷經重大裁員、轉型或內部糾紛後，會出現明顯的溝通斷裂感——大家變得沉默、懷疑、冷淡。這種狀態無法只靠重整流程修復，必須靠心理層面的重建。

包含：坦誠的說明與道歉、對話空間的重新開放、允許負面情緒被表達並被理解，以及從小團體開始的信任重建。這些都是一場集體心理療癒工程，也正是健康文化重建的起點。

■ 溝通文化，是組織心理的日常表情

打造健康的溝通文化，不是設計口號或安排對話，而是從每一場對話中，累積彼此對這個環境的安全感與連結感。

當一家公司能從內而外建立真誠、有溫度、能包容差異與表達錯誤的語言場域，那麼這樣的企業文化將不只是好相處，更是一種具備心理韌性與創造力的深層力量。

第十二章
你我的未來：
打造正向關係的
心理底層邏輯

第十二章　你我的未來：打造正向關係的心理底層邏輯

第一節　未來的公關不只是應對，是預見

從事件管理，走向信任經營

長久以來，大眾對公共關係的理解多停留在「危機處理」與「媒體應對」，彷彿公關工作的任務就是在出事時滅火、出聲時降溫。然而，隨著社會節奏加快、訊息傳播破碎化，真正有前瞻性的公共關係，已不再只是應對，而是具備「預見性」的信任設計工作。

心理學家丹尼爾・康納曼（Daniel Kahneman）指出，人類的決策高度仰賴「快思考」，也就是情緒與直覺的即時反應。在這樣的認知機制下，品牌與組織若等到風暴爆發才出面，往往已來不及修補信任破口。現代公關必須提前設想「人們可能怎麼感受」、「資訊被怎麼理解」、「誤會如何擴大」，進而設計「預防性心理引導」。

從被動危機反應，轉向主動信任布建

具備心理學視角的現代公關人，懂得主動經營「信任資本」，而非等風暴來襲才開始溝通。他們會在日常就關注大眾對品牌的心理期待、潛在情緒、以及關鍵議題的敏感點。也就是說，預見不是預測事件，而是提前理解人心。

第一節　未來的公關不只是應對，是預見

　　這種工作方式需要對人群心理有深刻敏銳度，並能結合輿情變化，設計出「即使未來發生風險，也能被理解與諒解」的信任框架。真正的信任，不是來自事件處理能力，而是來自日常互動的可信任記憶。

■ 風險時代的心理預測：情緒敏感成為競爭力

　　近年來「社會風險感知」與「品牌心理免疫力」成為公關管理中愈來愈關鍵的能力。從網紅失言、企業廣告爭議，到社會議題反彈，一個不小心就可能讓信任崩塌。

　　這時，心理學提供了重要工具：同理思維、群體偏誤辨識、以及框架效應預測。懂得設計「不讓人誤會」的訊息、懂得在語境中做出貼近大眾感受的回應，才是未來公關工作的基本配備。

■ 與其「滅火」，不如「點燈」

　　「點燈」意味著在平時就照亮品牌與社會之間的連結感。許多成功的品牌，早已不再等問題出現才說明立場，而是在日常即以「情緒透明」與「價值預告」建立心理預期。

　　例如在社會運動、氣候議題或性別平權等領域，越來越多組織選擇不「等」事情發生，而是先說：「我們怎麼想」、「我們準備怎麼做」、「我們理解你們在意什麼」。這樣的主動訊息設計，既展現誠意，也累積日常的心理安全感。

第十二章　你我的未來：打造正向關係的心理底層邏輯

■ 預見，是一種以人為本的溝通想像力

心理學家馬汀‧塞利格曼（Martin Seligman）曾指出，「人類的大腦，是為了預見未來而進化的」。真正前瞻的公共關係工作，不是應對一切已知風險，而是培養「理解未來人心如何反應」的能力。

在這個情緒先行、資訊氾濫的時代，能夠以心理學觀點打造出具備理解力、預期力與彈性回應力的公關系統，才是未來組織的核心競爭力。

■ 與其臨陣磨槍，不如未雨綢繆

未來的公共關係，不再只是危機處理人員，而是「心理理解工程師」。他們關注的不只是訊息傳遞效率，而是「這些訊息會被怎麼感受與解讀」。

當公關不再被動回應，而是主動預見，組織才有可能真正成為一個穩定信任、具備韌性、且能與社會持續對話的存在。這正是心理學賦予公關工作最深遠的變革潛能。

第二節　心理韌性與組織信任資本

當風暴來襲，真正留下的是心理結構

在快速變動與高壓的當代環境中，企業組織面對的挑戰早已不是「會不會出事」，而是「出了事後能不能站穩」。這樣的應對能力，並非只來自預算、流程或人手，而是來自一種深層的心理資產——心理韌性與信任資本。

心理韌性（resilience）指的是個體或組織在面對壓力、變動與打擊後，仍能維持功能、快速復原、甚至成長的能力。而信任資本（trust capital），則是組織內部與外部之間長期累積的心理信任與認同感，成為危機時最可靠的支持系統。

心理韌性不是硬撐，而是柔軟轉彎

心理學家安妮特・M・拉格雷卡（Annette M. La Greca）指出，韌性並非壓抑情緒或假裝沒事，而是能在困難中找到意義、維持連結、並具備調整策略的能力。對組織而言，這意味著管理者是否能承認問題、接住情緒、並快速調整方向。

這種「心理彈性」讓團隊在遭遇打擊時不會立即瓦解，而是能夠在情緒支持下維持基本功能，並在事件過後反思、修正與學習。沒有這樣的心理韌性，任何 SOP 都只是紙上談兵。

第十二章　你我的未來：打造正向關係的心理底層邏輯

■ 信任資本是危機時的「心理存款」

在沒有危機的日常中，信任可能看不出來。但一旦事件爆發、決策出錯、群眾質疑出現，那些「平常有沒有說真話」、「有沒有傾聽員工」、「對社會議題有沒有回應」的歷史，就會變成品牌是否被諒解的依據。

也就是說，信任資本是一種心理帳戶——你平常怎麼對待夥伴、員工與群眾，就等於在為未來的危機預存「諒解與支持」的存款。到時若需要社會相信你不是惡意、只是失手，這筆存款就會成為你最堅實的防火牆。

■ 內部韌性決定外部回應力

很多品牌的公關災難，其實不是因為外部壓力太強，而是內部反應太慢。員工不知道該怎麼說、中階主管無法決策、高層出現推諉，這些都是「內部心理韌性」不足的表現。

當組織具備健康的內部信任結構與互動機制，就能在壓力下快速協調、即時表態、明確行動。這不是靠危機手冊達成的，而是平時就在團隊裡累積的心理肌力。

■ 心理資本也能被培養與設計

許多研究指出，心理韌性並非天生，而是可以透過練習與制度設計養成。像是：建立回饋文化、設計支持網絡、創造心

理安全感、讓情緒表達成為常態,這些都在累積個體與組織的「情緒處理能力」。

而信任資本的建立,則來自一致性的行為、透明的決策、誠實的表達與長期的情緒投資。當員工相信「這個地方會挺我」,當社會相信「這個品牌值得信賴」,危機當前的每一秒就少一分恐慌,多一分彈性。

真正強大的組織,是心理上站得住的組織

在不確定成為常態的年代,組織最關鍵的競爭力,不再只是效率與技術,而是「出事時,人與人之間是否還相信彼此」。心理韌性與信任資本,正是支撐這份信任的內在基底。

唯有內在穩固,外部才穩健。從現在開始,與其問「萬一怎麼辦」,不如先問:「我們是否已經足夠彼此信任,足以一起走過?」

第三節　從感知到承諾:
　　　　心理學在永續品牌中的應用

永續不是一份報告,而是一種被感受到的關係

在當代企業實踐中,永續(sustainability)已經從「形象選項」轉變為「生存條件」。不只是消費者、投資人與政府在檢視

第十二章　你我的未來：打造正向關係的心理底層邏輯

企業是否重視環境、社會與治理（ESG），更關鍵的是──這一切是否讓人「感受得到」。

心理學提醒我們，人們不會只是「知道」你有在做，而是會用感覺來決定「我是否願意相信與支持你」。因此，品牌要真正實踐永續，不能只聚焦在 KPI 數據，而必須關注心理感知與信任承諾之間的橋接。

■ 感知，是建立品牌信任的第一場心理接觸

社會心理學指出，第一印象與框架效應會深深影響人們對訊息的接受度與態度形成。當品牌傳遞永續訊息時，關鍵不在於列出多少項目，而是是否能讓群眾「覺得你真的在意」、「感覺你不是在做表面功夫」。

研究顯示，當企業的永續訊息能夠與人們的生活經驗、價值觀與情緒連結產生共鳴時，才會轉化為深層信任。這也說明，品牌在進行永續溝通時，需要的是心理上的貼近，而不只是資訊的堆疊。

■ 從道德綁架到心理認同：價值必須讓人願意靠近

有些品牌在宣傳永續時，習慣採用高道德姿態，試圖「教化」消費者，但這樣的語氣往往引起反感。心理學家喬納森・海特（Jonathan Haidt）指出，道德直覺往往先於理性論述，群眾會

第三節　從感知到承諾：心理學在永續品牌中的應用

根據情緒快感與群體認同感來決定是否接受某種價值觀。

因此，比起道德施壓，更有效的永續品牌策略，是透過敘事與生活連結讓人「主動想靠近這個價值」，進而產生「我也願意成為這樣的人」的心理認同。這正是感知到承諾的關鍵轉折點。

■ 承諾，是感知被驗證後的心理信任延伸

當人們感覺品牌在永續上的努力不是口號而是真心，會產生一種「我可以放心與你同行」的內在認可。這樣的認可進一步轉化為消費選擇、品牌忠誠與長期支持。

在心理契約理論中，這種無形卻有力的期待──「我相信你會持續做對的事」──便是品牌與群眾之間最深的承諾形態。它比法律契約更脆弱，卻也更珍貴，因為一旦失落，便難以修復。

■ 瑞典戶外品牌 Fjällräven 的心理溫度策略

以瑞典戶外品牌 Fjällräven 為例，他們不只強調產品耐用與減少碳足跡，更透過「修補工作坊」、「顧客故事收集」、「野外體驗計畫」等行動，讓顧客實際參與永續實踐。這不只是品牌傳遞訊息，更是建立「我們一起為環境努力」的情感連結。

這種參與式的永續設計策略，讓顧客產生從感知到承諾的轉換，進而在心理層面建立品牌忠誠。品牌不再只是產品，而成為一種價值共構的情感社群。

第十二章　你我的未來：打造正向關係的心理底層邏輯

■ 品牌的永續性，來自人心的長期連結

在心理學的視角下，永續並不是一種外部壓力，而是一場人與品牌之間「我懂你」、「你也在乎我」的關係建立。從感知到承諾，不是一條直線，而是一場互動與信任的累積。

唯有當品牌開始思考「我的永續策略讓人怎麼感覺」而不只是「我要做哪些項目」，永續才會從報表走進人心，成為一種真實而可持續的心理關係。

第四節　公共參與和心理歸屬感

■ 你不是在回應群眾，而是在邀請共建關係

過去的公關活動，常被當成是單向「傳播」的工具。品牌說、大眾聽，企業設計、社會接受。但在心理學視角下，真正能帶來連結與支持的，是讓群眾「參與」而非只是「接收」。

心理學家亞伯拉罕・馬斯洛（Abraham Maslow）在需求層次理論中指出，「歸屬感」是人的基本心理需求之一。當一個人覺得自己是某個團體的一分子、覺得被理解、能貢獻，就會產生更深的認同感與責任感。

這正是公共參與的力量：不只是做給你看，而是邀請你進來一起做。

第四節　公共參與和心理歸屬感

■ 歸屬感來自「被需要」、「被傾聽」與「被採納」

公共參與的心理效益，在於提供人們表達自己、影響決策、貢獻價值的空間。當人們覺得自己的聲音能被聽見，且真的會改變某些事情時，就會產生心理擁有感（psychological ownership），這種感覺會讓人更願意投入、更容易產生正向連結。

這也是為何許多城市治理、政策倡議與品牌設計，開始大量引入「參與式設計」、「共創平臺」、「意見回收與回饋流程」等機制。因為唯有參與，才能建立真正的心理歸屬，而不是只是口號式的「我們關心你」。

■ 荷蘭阿姆斯特丹的「城市共同體」計畫

阿姆斯特丹市政府在推動都市更新時，曾與當地居民共同規劃綠地使用、交通動線與社區活動空間，過程中舉辦大量開放式對話、意見票選與實地試驗。

這種由下而上的參與流程，讓居民不只成為政策的被影響者，更是設計者與守護者。多年後的追蹤研究顯示，參與過程讓居民產生更強的社區認同與互助意願，也更願意維護公共資源。

這說明，歸屬感不是灌輸來的，而是參與中自然生成的。

第十二章　你我的未來：打造正向關係的心理底層邏輯

■ 品牌也可以是心理社群的召喚者

不只政策與城市，品牌也可以創造參與式歸屬感。例如某些生活品牌開設用戶共創社團、讓消費者參與產品命名或包裝設計，這些看似小事的參與，卻能大幅提升群眾對品牌的歸屬與忠誠。

這是因為參與會啟發自我價值感，也能轉換為「我推薦這個品牌，不只是因為它好，而是我覺得它有我的一部分」。這就是心理歸屬的深層結構。

■ 從觀眾變夥伴，才是最深的關係黏著

未來的公共關係策略，不該再以「說服」為主軸，而是轉向「共建」。品牌與社會的關係，不是我說你信，而是「我們一起讓它變更好」。

唯有當參與變成日常，歸屬才會從點狀變成網絡。也唯有建立心理歸屬，品牌與組織才不會在社會變動時被拋下，而能真正走進人們的內心世界。

■ 參與，是歸屬感的最短路徑

要讓群眾產生長期支持與信任，不是靠一次性的說明或宣傳，而是靠持續、真誠的參與機會。讓人感受到「這不只是他們的事，而是我的一部分」，正是心理歸屬最強的根源。

而當歸屬感出現，品牌就不再只是一個符號，而是一種情感的居所與社會的共識。

第五節　科技與人性的平衡點在哪？

技術進步，不該犧牲人性的溫度

在數位化全面滲透的今天，科技的效率與演算能力無疑為溝通帶來革命性的提升。然而，當企業與品牌愈來愈倚賴自動化客服、資料追蹤與內容推播，心理學開始提醒我們：當科技取代了人際互動的溫度，關係也可能失溫。

科技帶來速度，但心理信任需要時間。品牌若過度依賴技術回應而忽略人際情緒，長遠來看反而會失去與群眾的深度連結。真正成功的溝通，不是「越自動越好」，而是「用科技創造更多理解與共感的可能」。

科技若不能理解人心，就只是效率的幻影

社會學家雪莉·特克爾（Sherry Turkle）提出「連結的矛盾」概念——我們看似比以往更連結，實則更加孤獨。許多品牌即使每天在社群與顧客互動，卻始終難以建立情感連結，就是因為這些互動缺乏真實感與回應深度。

第十二章　你我的未來：打造正向關係的心理底層邏輯

當訊息被優化為模板、回應被 AI 取代、關係被資料分析簡化，品牌傳遞給顧客的，不再是「你被理解」，而是「你被運算」。這樣的感受會逐漸削弱使用者的心理信任與情緒歸屬。

■ 善用科技，不等於放棄溫度

科技與人性並非對立，而在於使用方式是否具有心理洞察。例如：用 AI 協助客服分類問題，而將複雜情境保留給真人處理；或是利用數據預測用戶情緒變化，主動發送關心訊息；甚至透過聊天機器人提供情緒舒緩模組，協助顧客調整焦慮與不安。

這些做法不只是「更有效率」，而是「更有人味」。心理學在此扮演的角色，是提醒品牌回到「人心是如何感受的」，並設計出「讓科技為人性服務」的使用架構。

■ 個人化推薦 ≠ 情感連結

數位科技最大特色之一是「個人化」，但心理學提醒我們，個人化資訊推薦未必能產生情感連結。被演算法推薦的商品或內容，若沒有價值觀呼應與情緒關照，只會讓人覺得「我被操控」，而非「我被懂得」。

真正能產生心理連結的科技應用，是讓人感覺「這是為我量身設計的」，而不是「這是為了讓我多花錢」。品牌若只停留在資

第五節　科技與人性的平衡點在哪？

料演算法，而不思考心理期待與語境設計，個人化只是精準推銷，而非關係深化。

■ 健康平臺的 AI 與人並行服務模式

以一個健康諮詢平臺為例，面對用戶龐大而複雜的健康問題，他們先以 AI 快速分流、辨識風險等級，然後針對中高風險族群轉接真人健康顧問，並在過程中提供情緒回饋工具與匿名抒壓空間。

這樣的設計不僅提升效率，更保留了人際關懷的空間。使用者不會因為機器應對而感到被忽略，反而會感覺「被理解」、「被在乎」。這正是科技與人性共舞的最佳示範。

■ 科技不該是屏障，而是理解的橋梁

未來的品牌與組織，要的不只是更快、更準，而是「更懂人」。科技若能被設計成一種理解他人、關照情緒、拉近彼此距離的工具，它就不再是冷冰冰的系統，而是一種心理連結的增幅器。

而這樣的設計，需要心理學做為橋梁，讓我們不再只是追逐效率與數據，而是看見每一段關係裡，那些微小卻關鍵的感受與期待。

第十二章　你我的未來：打造正向關係的心理底層邏輯

第六節　用心理學設計「更有感」的世界

■ 不是做得更多，而是感受到更多

在資訊爆炸、注意力稀缺的當代，人們的感官疲乏已成常態。品牌如何被記住？內容如何讓人有共鳴？行動如何被轉化為長期支持？關鍵不在於你說了什麼，而在於人們「感覺」到了什麼。

心理學提供我們一條關鍵線索：真正影響人們行為與記憶的，不是事實本身，而是經驗的情緒溫度與參與感。想要打造「更有感」的世界，不能只是堆疊資訊，而要設計「能讓人感受」的互動經驗。

■ 從資訊設計到情緒設計：讓每個訊息有感溫度

許多組織在溝通上投入大量資源，但成效不佳。問題往往不在內容，而在心理語境。心理學家丹尼爾・康納曼（Daniel Kahneman）指出，人們記得的不是資訊量，而是「當下的感覺」。

例如：同一份倡議訊息，若採用「你可以改變什麼」的鼓勵語氣，會比「我們面臨巨大危機」的壓迫語調，更能激發行動意願。這並非操作，而是設計一種讓人願意靠近、產生自我投射的心理場域。

第六節　用心理學設計「更有感」的世界

■ 設計互動，而非傳遞資訊

人類是社會性動物，參與與互動比單向接收更能產生心理連結。因此，「更有感」的設計，應該注重互動觸點：從讓用戶留言、投票、選擇，到能參與建議、分享故事、甚至改變結果。

這些過程不僅增加參與度，更建立起「我被看見」、「我有影響力」的內在感受。正是這些感受，轉化為忠誠、口碑與認同感。

■ 同理，是設計最不可忽視的元素

心理學家卡爾・羅傑斯（Carl Rogers）強調，同理心是建立人際關係的核心橋梁。對於品牌與組織來說，同理不是口頭說關心，而是設計出「讓人感覺被懂得」的每一個細節。

從介面語言到客服應對，從社群活動到問題回應的節奏，只要能讓使用者感覺到：「你站在我這邊」、「你真的理解我困難」——那麼這段關係就不只是功能連結，而是情感連結。

■ 荷蘭銀行的心理化數位帳戶設計

荷蘭 ABN AMRO 銀行推出針對年輕族群的理財 App，不只是強調功能，而是從「心理距離」出發重新設計整體體驗。他們讓用戶命名自己的儲蓄目標、設定情緒標籤、收到提醒時會搭配輕鬆語句與正向回饋語音。

第十二章　你我的未來：打造正向關係的心理底層邏輯

結果顯示，用戶對理財行為的持續率明顯提升，也更願意在App中參與財務教育活動。這證明：情緒化設計不只是美學，而是行為改變的心理策略。

■ 從心理設計走向社會感知設計

「更有感」不只是個人化，而是讓人感覺「我是社會的一部分」。心理學中的社會認同理論（social identity theory）指出，人們會透過參與與他人建立關係，進而強化自我價值。

因此設計任何服務或溝通時，若能讓人產生「我跟他們在一起」、「我們正在創造改變」的感覺，就能強化參與者的情緒投入與自我肯定。

■ 感受，是溝通最被低估的資產

在科技與資訊過度發達的今天，「感覺」反而成為最難被複製、最有力量的差異點。心理學幫助我們理解人如何感受、如何記憶、如何願意靠近。

真正「更有感」的世界，不是更複雜，而是更貼近人心。當設計從資訊邏輯轉向心理邏輯，當品牌願意從數據跳進情感，我們才有機會創造一個更被理解、更願意參與的世界。

第七節　成為一位真正理解人心的溝通者

理解,是溝通最深的力量

許多人以為溝通的能力來自於話術、邏輯或簡報技巧,但心理學告訴我們:最有影響力的溝通,其實源自於「理解」他人。真正被聽懂、被感受到的時刻,是讓人打開心防、願意信任與改變的起點。

理解不是附和,而是你願意進入對方的情緒風景。你能看見說話背後的需求、沉默底下的焦慮、爭執中不說出口的脆弱。當你能讀懂這些線索,你就開始不只是「會說話」,而是「懂人心」。

心理學讓我們成為更敏感的觀察者

從人際溝通到群體互動,心理學為我們打開觀察的視角。舉例來說:

- 社會交換理論提醒我們,人際互動中存在潛在的給予與回報感知;
- 自我決定理論(Self-Determination Theory)指出,人需要自主、勝任與連結,才能感到滿足;

第十二章　你我的未來：打造正向關係的心理底層邏輯

- 非語言行為研究顯示，肢體語言與語氣所傳遞的訊息常遠大於文字本身。

當我們熟悉這些概念，就能更快讀懂語言背後的情緒，更精準回應對方的需求。

此外，心理學家保羅・艾克曼（Paul Ekman）針對微表情的研究更指出，即便是在短短幾秒內流露的表情變化，也足以揭示一個人當下的真實情緒。例如緊張時下意識的眼神閃避、壓抑怒氣時不自覺的皺眉等。這些線索若能被敏銳接收，將成為有效溝通的重要橋梁。

▓ 從同理到回應，關鍵在情緒理解力

真正理解人心，不只是「我知道你怎麼了」，而是「我感受到你正經歷什麼」。心理學家丹尼爾・高曼（Daniel Goleman）強調，情緒智慧（Emotional Intelligence）中的「同理心」與「情緒管理」是關鍵能力，讓人得以在衝突中不被情緒主導，也能成為他人情緒的調節者。

當我們能夠調整語氣、換位思考、甚至暫時放下自己觀點傾聽他人，這樣的行為不只是技巧，更是一種關係修復的力量。這也是為什麼在團隊溝通、客訴處理甚至親密關係中，能否展現適當的情緒理解力，往往決定了關係是緊張還是轉圜。

第七節　成為一位真正理解人心的溝通者

■ 不是每個人都說得清楚，但每個人都渴望被懂

有些人話很多，但其實在逃避；有些人沉默不語，其實最在意。真正的溝通者，不是只處理對話表層，而是願意理解「這個人此刻需要的是什麼」：是安全感？是支持？是解釋？還是只是想被陪伴？

在組織裡尤其如此。比起提供解決方案，更重要的常是先理解員工的心聲。許多溝通失敗並非因為立場不同，而是彼此沒有花時間理解對方的感受與處境。當一位領導者能說出「我知道這讓你感到委屈」，往往比提出十個行動方案來得有效。

■ 從內在出發，打造一致的溝通氣場

心理學還告訴我們，影響力的核心在於「一致性」── 你的語言、情緒與行為是否協調一致？人們往往不是只聽你說什麼，而是感受你是怎麼說的。

當你對自己誠實、情緒穩定、並能理解他人，就會散發出一種可信任的「溝通氣場」。這不是技巧堆疊出來的，而是來自一種內在心理穩定感與關照力。這樣的人不見得話多，卻總讓人覺得安心。

第十二章　你我的未來：打造正向關係的心理底層邏輯

這種氣場也是團隊文化的來源之一。當領導者或核心成員能夠一致表現出關懷與尊重，他們的語言風格、回應節奏與情緒處理方式將被團隊模仿與內化，進而逐步塑造出組織的溝通文化。

■ Netflix 的「坦率文化」背後的理解力

以 Netflix 為例，其著名的企業文化強調「坦率回饋」、「高密度人才」與「信任基礎」。這些制度表面看似強硬，但若深究其內在運作，其實高度仰賴同理與理解力的運行機制。

在 Netflix 的回饋文化中，每一次面對面的回饋，不只是給建議，更被設計為「一種關係照顧」。在那樣的文化氛圍中，人們會練習如何用非攻擊性的方式說出實話、如何接住他人情緒、如何不把衝突變成指責。這不是標準 SOP，而是高度理解人性的結果。

■ 讓溝通回到人心，而非話術

在這個資訊爆炸、語言過度消費的時代，最稀缺的能力不是能說服多少人，而是能理解多少人。心理學讓我們不再只是輸出者，而是成為更懂情緒、更具關懷的溝通者。

理解，是一種選擇，也是一種溝通的革命。真正有力的語言，從來不是說得漂亮，而是說得剛好——剛好讓對方覺得自

第七節　成為一位真正理解人心的溝通者

己被看見，也被接住。真正的溝通者，是那個能在人群中看見情緒變化的人，是能在衝突中創造理解空間的人，也是那個說話能讓人放鬆的人。

這樣的溝通，不只解決問題，更讓人想留下來。

國家圖書館出版品預行編目資料

心理是關鍵,從人心出發的公共關係學:群體情緒、輿論風向、品牌形象,從心理學看公關危機處理 / 謝蘭舟 著 . -- 第一版 . -- 臺北市:財經錢線文化事業有限公司 , 2025.09
面 ; 公分
POD 版
ISBN 978-626-408-372-0(平裝)
1.CST: 應用心理學 2.CST: 人際關係 3.CST: 公共關係
177　　　　　　　　　　114012301

電子書購買

爽讀 APP

心理是關鍵,從人心出發的公共關係學:群體情緒、輿論風向、品牌形象,從心理學看公關危機處理

臉書

作　　者:謝蘭舟
發 行 人:黃振庭
出 版 者:財經錢線文化事業有限公司
發 行 者:崧燁文化事業有限公司
E - m a i l:sonbookservice@gmail.com
粉 絲 頁:https://www.facebook.com/sonbookss/
網　　址:https://sonbook.net/
地　　址:台北市中正區重慶南路一段 61 號 8 樓
8F., No.61, Sec. 1, Chongqing S. Rd., Zhongzheng Dist., Taipei City 100, Taiwan
電　　話:(02) 2370-3310　　傳　　真:(02) 2388-1990
印　　刷:京峯數位服務有限公司
律師顧問:廣華律師事務所 張珮琦律師

-版權聲明-

本書作者使用 AI 協作,若有其他相關權利及授權需求請與本公司聯繫。

未經書面許可,不可複製、發行。

定　　價:375 元
發行日期:2025 年 09 月第一版
◎本書以 POD 印製